重读
《那片绿绿的爬山虎》

肖复兴的12堂写作课

肖复兴——著

长江出版传媒 崇文书局

图书在版编目（CIP）数据

重读《那片绿绿的爬山虎》：肖复兴的 12 堂写作课 / 肖复兴著.
—武汉：崇文书局，2016.9（2021.8 重印）
（作家走进校园）
ISBN 978-7-5403-4207-4

Ⅰ．①重…
Ⅱ．①肖…
Ⅲ．①作文课－中小学－课外读物
Ⅳ．① G634.343

中国版本图书馆 CIP 数据核字（2016）第 180838 号

责任编辑：高　娟
责任校对：胡　英
责任印制：李佳超

重读《那片绿绿的爬山虎》：肖复兴的 12 堂写课
Chong Du Na Pian Lülü de Pashanhu:Xiao Fuxing de 12 Tang Xiezuo Ke

出版发行　长江出版传媒｜崇文书局
地　　址　武汉市雄楚大街 268 号 C 座 11 层
电　　话　（027）87293001　邮政编码　430070
印　　刷　湖北画中画印刷有限公司
开　　本　680mm×900mm　　1/16
印　　张　18
字　　数　221 千字
版　　次　2016 年 9 月第 1 版
印　　次　2021 年 8 月第 4 次印刷
定　　价　45.00 元

（如发现印装质量问题，影响阅读，请与承印厂调换）

《作家走进校园》序

肖复兴

崇文书局编辑出版一套"作家走进校园"丛书，其中选有我的一本，我感到很荣幸，又嘱我为这套丛书作序，我更感到荣幸。看看加盟丛书的其他几位作家朋友，和我年龄相仿，便想当年和读这套丛书的中小学生一样，也曾经是个学生，坐在校园里，渴望作家能够走进校园，和他们促膝交谈，将心中缤纷如花的一些想法，和纷乱如云未解的困惑，抛给他们，问问他们，听听他们怎么说。这会是一种很有意思的参照物。

我没有赶上这样的好时候，在我读中学的整个六年中，没有见过一位作家走进我们的校园。但是，我应该还是幸运的。初二的那一年，我们学校的特级数学教师阎述诗先生去世了，诗人光未然写来一封悼念的信，贴了在校园的板报上。因为抗战期间阎述诗先生为光未然的《五月的鲜花》谱曲，这首著名而动人的歌曲，至今仍在传唱。这是我第一次见到作家的笔迹，趴在板报前仔细地看，想看看和我们学生写在作文本上的作文有什么差别。光未然的这封信，引起我对作家的兴趣和想象。

初三的暑假，我见到的第一位作家是前辈叶圣陶先生。虽然不是在我们的校园，而是在他的家中，但因是第一次见到作家，而且是蜚声中外真正的作家，心里很是激动。和他交谈之后，再来读他的文章，感觉不一样。记得那时在语文课本里读他的《多收了三五斗》，在他的书中读《稻草人》和《春联儿》，真的学到了很多东西。这个难忘的印象，写进收入小学语文课本里的《那片绿绿的爬山虎》。

高一的那一年，冰心先生的散文集《樱花赞》出版了，我买了一本。那是我读到冰心先生的第一部作品，对她充满想象，可惜，我见不到她，她从未走进我们的校园。我便在学校的图书馆里找到她出版的所有作品集，并且整本抄录了她的《往事（二）》。未见其人，却在文字中是那样的熟悉，冰心先生的这些书籍，对我青春期的成长是至关重要的。我应该格外感谢在那时候在校园里和冰心先生的邂逅，当然，指的是和她的作品的邂逅。

作家走进校园，更重要的是作家的作品走进校园。从而使得学生们更方便地读到作家所写的适合他们阅读的作品。这是最为重要的。

其实，这是一种双向的选择，相互的走进。既是作家走进校园，也是同学们走进作家，在校园里的邂逅与碰撞，撞击出的火花才会璀璨而有趣。校园的青春气息，同学们的爱恨情愁，乃至叹息和痛苦，在作家的文字中可以找到幽婉的回声。同学们内心深处激荡起的涟漪，会在作家作品的风的吹拂下，变得惆怅，也变得摇曳生姿，是那样的清澈见底，清纯可爱，活色生香。

因此，作家走进校园和同学们的邂逅，是多了一些大朋友和同学们进行交流的平台，让同学们多了一些青春别样的参照物，多了一些成长有益的文本，多了一些情感丰富的密码，而不仅囿于作文成绩的提高，从中只是为找到一些写作的方法，或摘抄一些漂亮的词句，然后在自己的作文中去现兑现买。

我一直这样认为，青春季节的阅读，是人生之中最为美好的状态。实现这种美好的状态，需要和现在的三种阅读状态做决绝的斗争，便是拇指阅读、碎片阅读和实用主义阅读。拇指阅读，指的是现在越来越普遍的手机微信，所谓"两耳不闻窗外事，一心只读朋友圈"。碎片阅读，指的是现在流行的网络阅读方式，这种方式，更多获取的是信息，而信息和阅读是两码事。实用主义阅读，前面所说的只是为了写作文，便是实用主义阅读的一种。

实现这种美好的阅读状态，首先要坐下来，找到适合自己并且自己真正喜欢的作品认真去读。这种阅读，会让你的心里充满美感、善感和敏感，会让你和现实拉开一点距离，对生活的未来充满一点想象，总觉得会有什么事情一定发生，而即将发生的那一切将会都是很美好的。我以为，这就是这种阅读状态给予一个正在成长的中小学生最重要的收益了。

青春季节的阅读，融化在青春的血液里，镌刻在青春的生命中，让我们一生受用无穷。而在这些的阅读之中，文学书籍的作用在于滋润我们的心灵，给予我们的温馨和美感，以及善感和敏感，是无可取代的。日后我们长大当然可以再来阅读这些书籍，但和青春时的阅读已是两回事，所有的感觉和吸收都是不一样的。青春季节的阅读和青春一样，都是一次性的，无法弥补。一切可以从头再来，只是安慰自己于一时的童话。

青春季节的阅读，确实是最美好的人生状态，是青春最好的保鲜和美容，是生命最好的回忆和纪念。

崇文书局出版的这套"作家走进校园"，是一次很有意义的尝试。他们选择的作家，是为同学们所熟悉的；他们选择的文章，是语文教材和考试试题中同学们所常见的。这套丛书，便为作家和同学之间搭建了这样一个更为方便和通畅的平台与通道，让彼此有一次邂逅，有一个选择，有一种碰撞。我相信，不会让同学们失望的。如果从这里，你们能够获取一点感悟和力量，听到一点发自内心真诚的声音，发现到一点青春成长的轨迹，当然，还能多一点文字与情感表达的方法和能力的话，我相信你们肯定不会虚度年华，而会长得结实而丰腴，一夜恨不高千尺地长大。回过头，你会感谢这套丛书或这套丛书的一本。那么，我要代表加盟这套丛书的作家们说，也要谢谢你！

2016年五一劳动节前夕于北京

目　录

第6堂课　文章如何结尾

第7堂课　善于捕捉细节

第8堂课　怎样选择材料

第9堂课　如何布局文章

第①堂课

写你自己的事

向往奥运

2001年7月13日，对于中国，对于北京，真是个难忘的日子。前两天，就有记者问我，如果这一天在莫斯科的投票我们胜出了，终于获得了2008年奥运会的主办权，你的心情会怎样？我说我当然会很高兴，很激动。今天好梦成真，我真的很高兴，很激动。其中的原因，除了我和大家的共同情感之外，还有一点，就是我当过整整十年的体育记者，我曾经采访过1992年巴塞罗那奥运会，和体育、和奥运会有着一份特殊的感情。我亲身体会到，一个国家，一座城市，能够举办一次奥运会，该是一件多么了不起的事情。

我很难忘记巴塞罗那奥运会结束的那一天的夜晚，走出蒙椎克体育场，沿蜿蜒的山路下山，来到蒙椎克山脚那巨大的喷水池旁，看水花四溅，飞扬起冲天的水柱，在夜灯映照中流光溢彩。我猛然听到随水柱飞扬起奥运会嘹亮的会歌旋律，真是感动不已，忽然觉得那一瞬间旋律如水般清澈圣洁，沁透心脾。我知道那是只有体育才迸发的旋律，是体育才具有的魅力，是体育才能给予我的情感。我发现几乎所有的人都和我一样，在那飞迸的泉水和旋律面前停住了脚步，禁不住抬起头来望着那透明的水柱和星光灿烂的夜空。我的心中产生一种从来没有过的感觉：一个国家、一座城市能够举办一次奥运会，会使得这个国家、这座城市和这里的人民变得多么美好。那一刻你就会明白，体育不仅仅是体育，它以自身特殊的魅力影响着一切。

　　人们常说竞技体育是一种艺术。竞技体育，确实含有艺术的成分，比如它的力与美，速度和造型。体育和艺术表演的最大区别之一，在于体育比赛的紧张、激烈。当然，艺术也有比赛，比如歌咏比赛、舞蹈比赛、钢琴比赛，但艺术的比赛是无法同体育比赛等量齐观的，只有体育比赛的锱铢必较，在零点零几秒和零点零几厘米中决胜负，才具有难得的公正性、公开性、公平性和客观性。竞技体育是面对世界所存在的种种强权、种族歧视和金钱掩盖下的不公平的一种抗争，一种理想。

　　能够置身奥运会中，能够亲自采访奥运会，确实是一种难忘而美好的经历。在电视里看到萨马兰奇宣布2008年奥运会的举办城市是北京的时候，心底里蓦地涌出一种渴望能够有机会采访我们自己的国家举办的奥运会，那将是一次更加难忘而美好的经历。从巴塞罗那回来，我写了一本小书《巴塞罗那之夏》。在熟悉的北京采访自己举办的奥运会，我想会带给我不一样的激情和灵感，写出一点新的东西。我突然涌出这样强烈的渴望，这是很少出现过的。

　　这时，我想起了曾经采访过的瓦尔德内尔和刘国梁，邓亚萍和乔静和，李宁和李小双，高敏和伏明霞，栾菊杰和肖爱华，还有我国男子花剑三剑客叶冲、董兆致、王海滨，当然，还有我们的女足和女垒的姑娘们，还有布勃卡、德弗斯、刘易斯、埃文斯、索托马约尔、奥帝、基普凯特、莫塞利……我怀念采访他们的那些日子，他们让我感到了青春，感到了力量，感到了友谊，感到了和平。我知道2008年北京奥运会到来的时候，他们和我一样都老了，但我仍然渴望着在采访新一代年轻的运动员的同时和他们相逢。我们会一起看到青春的循环连接着奥运的五环，让这个已经越发苍老的地球迸发着勃勃的朝气。在那一刻，体育所迸发的奥林匹克精神，确实在超越着不同的国家、不同的民族、不同的肤色而连接着世界的和平、友谊、进步和发展。

　　记得很清楚，在巴塞罗那奥运会结束的第二天上午，我特意又上了一趟蒙椎克山，专门去看看体育场，看看曾经举行奥运会开幕式、闭幕式和许多次比赛的体育场。除了正在拆除看台上为奥运会搭设的一些脚手架的工人之外，空荡荡的只有我一个游人和热辣辣的阳光以及一片绿草坪。那时，我们正在积极申请举办2000年奥运会，站在那里我就在想，快了，快到我们国家也能够承办这样一次美好奥运会的时候。

这一天终于来到了。

体育不是一个听话的孩子

体育不是一个听话的孩子，你往那边指，很多时候它偏偏梗着脖子，就是不往那边走。中国击剑赛前就铆足了劲，剑指谭雪，指望着她拿下女子佩剑这块金牌。也难怪这样的志在必夺，四年前雅典奥运会上，谭雪夺得了银牌，和金牌只有一步之遥；去年世界杯分站赛拿了5站的冠军，世界积分排名第一。就差最后这口气，顶住了，不就扬眉吐气了吗？可谁知，多情剑客无情剑，她偏偏早早落败，让人们扼腕叹息，一连几天缓不过气来。

有意思的是，正当人们对中国击剑不大抱希望而有些愁眉不展的时候，突然冒出个仲满，连闯五关，英气逼人，剑锋裁云，勇夺男子佩剑金牌，成为拯救中国剑坛于危难之际的英雄。

而在此之前，仲满这个名字还是那样的陌生，媒体宣传的、人们知道的，更多是谭雪，有多少人知道他呢？就是他自己，也只是在做梦的时候偶尔出现过金牌的影子，仅仅在两周之前，他才开始研究对手的录像。奥运会开赛了，也没敢叫父母到北京来看自己的比赛，更谈不上如一些热门选手，早早有人扛着摄像机、拿着鲜花，甚至红包里装好的慰问金，到家里去了，把父母叫在一起，围着电视机看比赛，一切都事先准备好庆祝的鞭炮，就等着金牌到手的那一瞬间，立刻进行热闹的现场采访了。

可是，仲满偏偏拿到了金牌。你说体育不是一个不听话的孩子又是什么？在比赛中，这叫作爆冷；在生活中，这叫作意外；在俗话里，这叫作东方不亮西方亮，横刺里杀出个程咬金。

赛场上，总会有一些这样的爆冷、这样的意外、这样的程咬金，出乎我们的预测，更跳出我们的安排，打乱我们的计划，不听我们的号令走步，不按我们的方法出牌，让我们瞠目，也让我们惊喜。

这就是体育的魅力。体育的现场即时性和结果的不确定性，往往会让运动员和观众一起感到格外的刺激，欣喜若狂，悬河与瀑布一般，飞流直下三千尺，成为在任何一个地方都无法品味的超值快感，成为绝一无二的人生体验。

不听话的孩子哪儿都会有，意外也不独居体育之门，比如电影戏剧和小说中，意外是常常会出现的。但这些意外统统都是人为设计的，一旦设计好了，一般不会再有变化，岁岁花开花相似。唯独体育的意外，事先之时，如鸟飞天际，渺无痕迹；事发之中，缝若天衣，不见缝隙；而且每一次的意外绝不雷同，个个花开花不同。那意外才叫真正的意外，这样的意外，才独属于体育。体育因此而超越人生和艺术，才让我们爱看、耐看，进而情不自禁地倾情相许。

一般而言，体育的意外，大多出现在如仲满一样名不见经传的年轻人身上。不讲一切人为的因素，也不讲一切以前的老本，只凭实力，还有运气，就可以使草根开花、竖子成名，而让我们慨叹王侯将相，宁有种乎！这样体育的意外，如此平等，公平，才造就出如仲满一样令我们惊叹也令我们信服和欢欣的英雄。

白娘子盗得了仙草，孙悟空取到真经，我们上哪儿能够找得到这样的欢乐？唯有体育。因此，一届奥运会给予我们这样意外的快乐越多，说明这一届奥运会办得越成功，取得的成绩越辉煌。我们在祝贺仲满和中国击剑队的同时，也祝愿我们北京奥运会能够出现更多这样意外带给我们的刺激和欢乐。

朋友，你并不比残疾人高贵

　　曾经有人说，残疾人自身活动都不方便，还要参加运动比赛，未免有些残酷，而且残缺身体的展示触目惊心，也不那么美。这样带有同情和怜悯的看法，实际上是站在正常人的角度俯视残疾人，无意之中把自己摆在了和残疾人并不平等的位置上。

　　其实，在这个世界上，一切生命都是平等的，我们并不比残疾人高贵。因为肢体的健全，并不能一俊遮百丑，并不代表我们的心灵和精神一定比残疾人健全。只要想一想，那些残疾运动员，没有向命运屈服，不知要比我们正常人忍受多少难以想象的艰辛磨难，却创造出我们许多正常人都无法创造的奇迹，我们应该对他们须仰视才是，怎么可以以一种居高临下的角度俯视乃至轻视他们？

　　在残奥会的激烈比赛之中，运动员们奋力拼搏：看那些无腿的运动员在跑道上如风似电地奔跑，看那些无臂运动员在碧波泳池里击水搏浪，看那些盲人运动员在足球场上那黑暗中的舞蹈……真的让我分外地感动。我忍不住想起盲诗人荷马，想起失聪的音乐家贝多芬，想起失去双腿的我国古代军事家孙膑。我们的残疾运动员，用他们坚毅的意志、不懈的努力和非凡才华，在残奥会赛场上所创造的奇迹，难道不就是一首首无韵的诗、一幅幅流动的画、一阕阕动人的华彩乐章？起码，我们可以说他们和荷马、和贝多芬、和孙膑一样，为这个世界创造的价值是具有同等意义的。他们从不同的社会领域和人生侧面，为我们彰显了残疾人生命的丰富、神奇和力量。占世界1/10人口的残疾人，曾经被称之为"被上帝咬过一口的苹果"。在残奥会的赛场上，重新塑造得如维纳斯一般，残缺，也铸就成为一种美，而且是如此的气魄雄伟壮观的美。

他们给予我们有益的启示是：在这个倾斜而美丽的世界里，有一种神圣的光芒照亮他们的胸膛，也照亮我们的胸膛，那就是他们内在的生命与精神，他们无限的光荣与梦想。他们不再是被上帝咬过的残缺的苹果，而是一个个如传说中的英雄丹柯一样，掏出自己燃烧的心，高高擎过头顶，作为火把，为我们带路，带我们走进一个崇高美好的境界。

我们应该躬身自省，检点我们正常人常常在自觉或不自觉中荡漾起乃至泛滥自我膨胀的高贵感，比如我们对残疾人的漠视和不尊重，比如貌似同情实则居高临下如同恩赐一般的抚摸，比如对于他们职业的歧视和对于他们成绩的忽视，比如我们对于残障设施投入建设的不够完备不够普遍，以及我们锦上添花有时多于雪中送炭。

他们让我们懂得谦卑，我们确实并不比他们高贵。奥运会的主题歌歌词"我和你，心连心，永远一家人"，也完全符合残奥会，我们和他们是一家人，不过因为命运的不公和残酷以致偶然，让他们身体出现了残障，但他们让我们感悟到生命并不只是指肉体的身躯，还包括心灵和精神在内。他们让我们感悟生命伟大的同时，也让我们感悟到精神对于我们的重要。他们用看得见的有形的残缺，照见我们心灵与精神的某些残缺。他们对于我们的警醒与启示，将是残奥会留给我们的精神财富。

【写作提示】

一件事怎么写（一）
——铺垫的作用

从一件具体的事情写起，是写作入门的必经之路。无论当初我自己做学生的时候，还是后来我自己的孩子又做了学生的时候，老师总会出这样的作文题目：《最难忘的一件事》《最有意义的一件事》《记寒假里的一件事》《我童年的一件事》，不一而足，常常是要求写一件事。这是学习写作绕不开的第一步。

记得三十多年前，我当中学老师，在黑板上写出的给学生的第一篇作文题，便是《最（　）的一件事》，一道选择填空作文题，和我的老师当初教我的时候布置的作文题目一样，万变不离其宗，还是逃不脱的"一件事"。

可以说，写好一件事，是我们写作入门的素描课，是基础，是童子功，这就好比达·芬奇画蛋——尽管这比喻已经快老掉牙了，却不能因为老就没有了道理。怎么写，从哪儿写，怎么样将一件事写得清楚、生动，又耐看，格外锻炼人的眼光和笔力。

说眼光，是说这件事选择出来了，如何写，才可以避免简单化的叙述，避免过于程式化的罗列，避免一般化的描写，把一件本来挺生动的事情，干巴巴的写得如话梅核一样索然寡味。

流动的盛宴

流动的盛宴，是一群北京年轻的白领为他们的读书会起的名字。雨果曾经说过，书籍是食粮，思想就是吃。可以再加上一句：读也是吃。读书，当然也就可以是盛宴了。

这个星期天，他们的活动是读德国作家本哈德·施林克的《朗读者》。很幸运，一帮年轻人愿意带一个老头儿玩，邀请我参加这次的活动。地点是他们精心选择的，在德国大使馆对面的一家德国餐厅，说既然小说是德国人写的，又是写德国人的，便吃一顿德国餐吧。去的时候是中午，一楼坐着德国人，正在喝啤酒，他们把二楼的餐厅包了，将餐桌并在一起，成了一个长方形的大桌，十九个年轻人围坐一起，像开会一样。阳光透过东西朝向的窗户洒进来，屋里很温暖。

德国人的西餐做得比较粗糙，黑啤酒的味道很淡。不过，读书的气氛很浓。我见过一些年轻人组织的其他的活动，比如旅行的驴友会、摄影的蜂鸟会，还从来没有见过这样一群年轻人为读书聚在一起。一个春天里多么美好的星期天呀，不少年轻人更愿意到户外玩儿或到商厦逛逛，还有多少人愿意捧着一本书苦读呀。我开玩笑对他们说：我年轻的那个时代，年轻人搞对象约会时都要拿一本小说作为联络暗号，现在文学早就舅舅不疼姥姥不爱了，尽管你们今天的读书带有小布尔乔亚时尚的色彩，但你们又让我想起以前的那个时代。他们都善意地笑了。流年暗换之中，人生有代谢，往来成古今。

　　人手一册《朗读者》，都是从网上买的，平常工作忙，很少光顾书店，网络成了他们最好的帮手。一男一女先用德文和中文朗读了书中的片断，仪式感很强，很庄重。想如果书的作者和译者知道这个星期天的中午，有这样一群北京的年轻人如此读他们的小说，一定会很感动。

　　然后，大家和我交流各自的感想。没有想到他们读得那样的仔细，那样的认真，提出的问题很专业，也很深邃。比如，他们问15岁的米夏和比他大19岁的汉娜之间是真正的爱情吗？特别是书的后半部，汉娜进了监狱之后，米夏对她是同情还是爱情？为什么汉娜可以不惜以坐牢为代价也不愿意说出自己是文盲的秘密？如果是我们，我们会这样做吗？为什么当汉娜知晓了米夏帮助自己的秘密之后，反倒出现了情感上甚至生活和身体上的拐点：一向整洁的她变得邋遢了，身上也多了难闻的气味？为什么汉娜最后选择了自杀？是出于情节上的安排，还是真实的必要……一个个的问题，水浪相击，飞珠溅玉，湿润而清新。一个被历史隔开的两代人的朗读与倾听、诉说与沉默、罪恶与遗忘、逃避与短兵相接、激情与蓦然惊醒的故事，让他们读得多么条分缕析，生动感人。常听说在商业时代文学已死的言论，看看眼前的这些年轻人，暗自庆幸文学邂逅了这样一群人，实在是彼此的缘分。好的文学如好的女人一样，是埋没不了的，是会值得人爱的。

　　他们还比较了电影和小说各自的得失，温斯莱特和费因斯与汉娜和米夏之间的长短，特别说到电影里缺少了小说在监狱的床头前贴着的汉娜千方百计找到的米夏大学毕业照，给他们带来的遗憾和不满足。他们还比较了小说前后两个译本的差别，说一个实，一个雅，一个玻璃杯盛满水，一个玻璃朴雕刻着化，非常客观，非常直爽，没有常见的文人新书讨论会的虚张声势和一锅糊涂没有豆儿的过年话。他们告诉我和两位译者都联系过，想请他们来参加这次的读书会，可惜一位在上海，年事已高，一位刚刚做完手术还休息在床。我心里暗想，如果他们能来，听听年轻人真诚而认真的批评，该是多么的难得。

让我没有想到的是，最后，他们还送我专门买来的一个精致而厚重的笔记本，作为我参加他们这次盛宴的礼物。他们说，送您的礼物总得和读书相关才行。没错，读书和笔记本，正如美人宝剑、壮士烈马一样，是读书人最好的礼物了。我得拿它好好学习，天天向上，好好地写我的读书笔记。

表叔与阿婆

北京前门一带多会馆，均是清朝末年各地进京赶考的秀才修建。事过经年，几番历史风雨剥蚀，当年书韵墨香早已荡然无存，如今各类小房如雨后春笋，成为名副其实的大杂院。

粤东会馆便是其中一座，表叔便是这座大院里的一家。为什么唤他表叔，谁也道不出子丑寅卯。几十年来，大院无论男女老少都这样唤他。这称谓透着亲切，也杂糅着难以言说的人生况味。

表叔以洁癖闻名全院。下班回家，两件大事：一是擦车，二是擦身。无论冬夏雨雪，雷打不动。他擦车与众不同，要把他那辆自行车调个过儿，车把冲地，两只车轮朝上，活像对付一个双腿朝天不住踢腾的调皮孩子。他便像给孩子洗澡一样认真而仔细，湿布、棉纱、毛巾，轮番招呼，直擦得那车锃亮，方才罢手，然后擦身。赤着脊梁，湿毛巾、干毛巾，一通上下左右、斜刺横弋地擦，直擦得身上泛红发热，然后心满意足将一盆水倒出屋，从擦车到擦身一系列动作才算完成，绝对是浑然一体，一气呵成，成为大院久演不衰的保留节目。

年近五十的表叔至今独身未娶。这很让全院人为他鸣不平。他人缘极好，是一家无线电厂的工程师，院里街坊谁家收音机、电视机出了毛病，都是他出马，手到擒来，不费吹灰之力。偏偏人好命不济，从年轻时就开始走马灯一样介绍对象，竟然天上瓢泼大雨也未有一滴雨点儿落在他的头顶。究其原委，表叔有个缺陷：说话"大舌头"，那说话声儿有些含混。姑娘一听这声音，便皱起眉头，觉得这太刺激耳朵，更妨碍交流。

表叔还有个包袱，实际是他交对象始终未成的最大障碍，便是阿婆。院里的人都管表叔的妈妈叫阿婆。自打表叔一家搬进大院，阿婆便是瘫在床上的，吃喝拉撒睡，均无法自理。有的姑娘容忍了表叔的舌头，一见阿婆立刻退避三舍，甚至说点不凉不酸或绝情的话。

久经沧海，表叔心静自然凉，觉得天上星星虽多，却没一颗是为自己亮的，而自己要永远像一轮太阳，照耀在母亲身旁。他能够理解并原谅姑娘拒绝自己的爱，包括对自己舌头的鄙夷，却绝不理解更难原谅她们对自己母亲的亵渎。虽然，老人是瘫在床上，但她这辈子全为了儿子呀！羊羔尚知跪乳以谢母恩，更何况人呢！

院里街坊都庆幸阿婆有福，虽没得到梦寐以求的儿媳妇，毕竟摊上这么孝顺的儿子。阿婆总觉得自己拖累了儿子，常念叨："都是我这么一个瘫老太婆呀，害得你讨不到媳妇！"表叔总这样劝阿婆："我就是没有媳妇也不能没有您。您想想，没有您能有我吗？"表叔粗粗的声音混沌得很，在阿婆听来却是天籁之音。

阿婆故去时，表叔已经五十多了。他照样没有找到对象，照样每天雷打不动地擦车、擦身，只是那车再如何精心保养也已见旧，表叔赤裸的脊梁更见薄见瘦。好心的街坊觉得这么好的表叔，说什么也得帮他找个对象。表叔并不抱奢望，觉得那爱情不过是小说和电视里的事，离他越来越遥远，只能说说、听听而已。但是，好心的街坊锲而不舍，几年努力，街坊们终于没白辛苦，终于有一位四十余岁的女人看中了表叔。

表叔却坚决拒绝。起初谁也猜不透，只觉得一定是女人伤透了表叔的心。一直到去年，表叔突然魂归九泉，人们才明白：表叔那时已知自己身患不治之症。

表叔死后留下许多东西，其中最醒目的是那辆自行车，干干净净，锃光瓦亮。

丝瓜的外遇

那天，到菜市场买了几条丝瓜，因为已经买了好多的菜，手里拿着满满的好几个兜子，给小贩交完钱，提着菜兜转身就走了。等到晚上做饭的时候找丝瓜，才想起了放在菜摊上忘记拿了。

几条丝瓜，没几个钱，但第二天到菜市场去买菜时，忽然想到那个菜摊前问问，看看菜贩兴许好心地帮我收起了丝瓜，守株待兔等着我回去取。走到那个菜摊前一问，菜贩摇摇头，一脸无辜的茫然。我向他道了谢，转身走了，这事本来怨我而不怨他，不见得就一定是他将几条丝瓜"迷"了起来，也可能是别人顺手牵羊拿走了丝瓜。买菜的人来人往，菜经他的手各种各样，他哪里顾得过来这几条小小的丝瓜？

也是退休后无所事事，那一刻，脑子里忽然冒出这样一个念头，就在这个每天都喧嚣热闹的菜市场，做个小小的试验。便找了三家菜摊，各买了三条丝瓜，然后，交完钱，都放在了菜摊前那一堆有青有绿有红的蔬菜堆儿里，转身就走了。我想明天再去菜市场，看看这三家菜摊，会有哪家能够看到了我忘在菜摊上的丝瓜，替我保存，等着我回去取；或是，哪家都没有了丝瓜，只剩下了如今天看到的那个菜贩的一脸无辜的茫然。小小的丝瓜，会是一张pH试纸，能够试探出人心薄厚和人情暖凉呢。

第二天，我去了这三家菜摊，两家，没有了丝瓜，只有了茫然；一家的菜贩却没等我问话，就从菜摊下面提出了装着那三条丝瓜的塑料兜，笑吟吟地递给我。

应该说，试验的结果，还算不坏，2比1，毕竟没有让人完全失望，九条丝瓜没有全部不翼而飞，留下了三条，锚一样，还沉稳地留在了水底，缆住了小船没有被风浪吹走，不知所终。

不过，有意思的是，这家替我保存住遗忘的丝瓜的菜贩，是我认识的，我常常到他那里买菜，特别是西红柿，我都会到他那里买，因为彼此熟了，他会连问都不用问我，直接从西红柿筐里替我挑最好的给我。有时候，差个几分钱几角钱，他也会抹去了零头，甚至忘记了带钱或者钱不够了，他会让我赊着，明天来买菜时再带给他。

我在想，如果不是我们已经很熟识了，他会为我保存下这三条丝瓜吗？

我又想，以前老北京，几乎每条胡同都会有一家菜摊或菜店，因为都是街里街坊的，无论卖菜的，还是买菜的，每天抬头不见低头见，彼此都熟悉得不能再熟悉了，别说是买了菜忘在菜摊或菜店里了，就是你把别的东西甚至钱包忘在那里了，一般回去都会找得到的，菜摊或菜店里的人都会替你保管好。这原因其实也很简单，因为在一条街上，大家都认识，彼此的信任和信誉，以及常年积累起来的感情，比贪一点儿小便宜要重要得多。所以，那时候，尽管物资匮乏，大家都不富裕，但很少会出现缺斤短两或假冒伪劣之类的欺诈。对比那时农耕时代的商业模式，如今琳琅满目的菜市场，发展了好多，也流失了好多东西。其中流失最多的，就是买卖之间的那种邻里之间的人情味。

我将自己这样的想法，对那位替我保存丝瓜的菜贩说了，他笑笑对我说：人情味，也不是说现在就没了，你们买菜的看得起我们，我们卖菜的自然就会高看你们一眼。这东西，就跟脚上的泡，走得日子多了，自然就长出来了。你说，那几条丝瓜能值几个钱？

他说得有道理，丝瓜不过只是人情味的一种外化，是彼此心情的一次外遇。

上一碗米饭的时间

入冬后北京最冷的那天晚上，我在一家小饭馆里。家里的人都出了远门，没有饭辙儿，要不我是不会在这么冷的天跑出来到这里吃晚饭的。正是饭点儿，小饭馆里顾客盈门，只剩下靠门口的一张桌子空着，虽然只要一开门，冷风就会乘机呼呼而入，别无选择，我只好坐在了那儿。

服务员是位模样儿俊俏的小个子姑娘，拿着个小本子，笑吟吟地站在我的面前，一口外地口音问我：您吃点儿什么？我要了三两茴香馅的饺子和一盆西红柿牛腩锅仔。很快，饺子和锅仔都上了来，热气腾腾的扑面撩人，呼啸寒风便都挡在了窗外了。

埋头吃得热乎乎的，觉得忽然有一股冷风吹来，抬头一看，一位老头已经走到我的桌前，也是别无选择地坐了下来。在我的对面坐下来之后，大概看见我正在望着他，老头冲我笑了笑，那笑有些僵硬，不大自然。也许，是为自己一身油渍麻花的破棉袄感到有些羞涩，和这一饭馆衣着光鲜的红男绿女对应得不大谐调。我看不出他有多大年纪，或许还没有我大，只是胡子拉碴的显得有些苍老。我猜想他可能是位农民工，或者刚刚来到北京找活儿的外乡人。

他坐在那里，半天也没见服务员过来，便没话找话的和我搭话，指指饺子，问我饺子怎么卖？我告诉他一两三块钱吧。他立刻应了声：这么贵！这时候，那个小个子姑娘拿着小本子走了过来，走到老头的身边，问道：你吃什么？老头望了望她，多少有点儿犹豫，最后说：我要一碗米饭。姑娘弯下头在小本子上记下来，又抬起头问：还要什么？老头说：就一碗米饭！姑娘有些奇怪：不再要点儿什么菜？老头这回毫不犹豫地说：一碗米饭就够了。然后补充句：要不麻烦你再给我倒碗开水！姑娘不耐烦了，一转身冲我眉毛一挑，撇了撇嘴，风摆柳枝般走了。

过了好长时间，也没见姑娘把一碗米饭端上来，更不要说那一碗开水了。在这样一个势利眼长得比鸡眼还多的社会里，人们的眼睛都容易长到眉毛上面，很多饭馆都会这样，不会把只要一碗米饭的顾客放在心上，更何况是一个衣衫褴褛的老头，在他们眼里几乎是乞丐一样呢。姑娘来回走了几次，大概早忘了这一碗米饭。

我悄悄地望了一眼对面的老头，看得出来，老头有些心急，也有些尴尬，又不知道如何是好，如坐针毡。

我很想把盘子里的饺子让给老头先垫补一下，但把剩下小半盘的饺子给人家吃，总显得不那么礼貌，有些居高临下，就像电影《青春之歌》里的余永泽打发要饭的似的。那锅仔我还没有动，可以先让他喝几口，但一想饭还没吃，先让人家喝汤，恐怕也不合适，而且也容易被老头拒绝。

因此，当姑娘又向这边走来的时候，我远远地冲她招招手，她走了过来，老头看见了她，张着嘴动了动，一定是想问她：我那一碗米饭呢？但如今的小姑娘哪一个好惹？为了避免尴尬，我先把话抢了过来，对她说：姑娘，你给我上碗米饭！话音刚落，怕她同样嫌弃我也只要一碗米饭，便又加了句：再来三两饺子。姑娘在小本子上记了下来，转身走了。我冲着她的背影喊了句：快点儿呀！她头没有回，扬扬手中的小本说道：行哩！

老头望了望姑娘走去的背影，又望了望我，什么话都没有说，似乎是想看看，同样一碗米饭，到底谁的先上来。一下子，让我忽然感觉偌大的饭馆里，仿佛主角只剩下了老头、姑娘和我三个人，三个人彼此的心思颠簸着，纠结着，一时无语，却有着不少潜台词。

我望了望老头，也没有说话。我是想等这一碗米饭和三两饺子上来，一起给老头。谁家都有老人，谁都有老的时候，谁都有饿的时候，谁都有钱紧甚至是一分钱让尿憋死的时候。老头垂下头，不再看我。我埋下头来，吃那小半盘的剩饺子，也不敢再望他，我不知道此刻他在想什么，但生怕我的目光总落在他的身上会让他觉得尴尬。

很快，也就是那小半盘剩饺子快要吃完的工夫，只听姑娘一声喊：您的米饭和饺子来了，便把一碗米饭和三两热腾腾的饺子端在我的桌子上，同时也把老头的那一碗米饭端在桌上。可是，抬头的时候，我和姑娘都发现，对面的老头已经消失在寒风中。

【写作提示】

一件事怎么写（二）
——角度的重要性

《上一碗米饭的时间》，也是写的一件事。概括起来，也是一句话：大冷的天，一个农民工没有多少钱，进了饭馆只要一碗米饭，服务员半天也没上这碗米饭，等米饭终于上来了，农民工走了。

如何把这件事情写好？仅仅依靠铺垫，比如写天气怎么冷，写农民工等得怎么焦急，然后把势利眼的服务员骂上几句，就显得不够用了，失之于简单。即使勉强写出来了，也会很一般化。这篇文章我迟迟没有下笔，总觉得不大好写。

不好写的原因，是没有找到好的角度。

最后，我选择了从人物关系入手，因为在这件事发生的过程中，出现了农民工、服务员和我三个人。我们三人那时候都在饭馆这一规定的情境中，虽然素不相识，彼此也没有说什么话，但因为一碗米饭而彼此有了联系。即农民工要一碗米饭，服务员半天也没给他上这碗米饭，我看不过去了，替农民工要了一碗米饭。这样，一碗米饭，就不仅仅是简单的一碗米饭，而有了层层递进的变化，有了往返循环的流动。而我们三个人因一碗米饭，也发生着微妙的心理变化，甚至是心理斗法。当我意识到这一点的时候，我发现这一碗米饭，居然在心理上密切联系着我们三个人，挺新鲜的，挺有意思的，我才觉得能够下笔了，或者说，我的心里才有了底气，敢于下笔写这篇文章了。其实，就是说，我终于找到了这篇文章的角度。也就是说，找到了这篇文章的突破口。选择好了角度，文章才容易写。

任何最初学习写作的学生，都会面临着和我一样寻找最适合自己这篇文章的角度的过程。因此，寻找角度的过程，就是文章构思的过程，这个过程最锻炼人，也是最需要学习和训练的。在这样的过程中，学生们一般最愿意走简便的路，即把自己经历的事情小猫吃鱼一般事无巨细地从头写到尾，一件挺有意思的事，就容易写得臃肿，写得没有了意思。

所以，在选择这个角度的过程中，不是着急地把这件事想得如何细致而周到，而是需要找到这件事的哪一点最打动了自己，或者说最有意思、最值得去写。这是一篇文章写作的路径，也是一篇文章写作的方向。

最初学习作文的同学，选择文章角度的时候，往往容易把眼睛死死盯着这件事的外部或过程，而忽略了这件事的内部成因。特别容易忽略发生这件事的人物相互的关系和彼此的心理作用。希望这篇文章能够给大家一个参考。

构思角度的选择，就是有着这样点石成金的作用，就是这样的"众里寻他千百度，那人却在灯火阑珊处"，需要我们耐心地寻找，用我们的心和眼睛，能够和"她"有一个美丽的邂逅。

第2堂课

写人写什么

清明忆父

好多童年的事情，过去了那么多年，却依然恍若眼前，连一些细枝末节，都记得特别清楚。记得父亲为我买的第一支笛子，是1角2分钱；买的第一本《少年文艺》，是1角7分钱；买的第一把京胡，是2元2角钱……那时候，家里生活不富裕，一家五口全靠父亲微薄的薪水维持，为了给我买这些东西，父亲掏出这些钱来，是咬着牙的。因为那时买一斤棒子面才几分钱，花这么多钱买这些东西，特别是花两块多钱买一把京胡，显得有些奢侈。

读初二的那一年，我爱上了读书，特别是从同学那里借了一本《千家诗》之后，我对古诗更是着迷。那时候，我家住在前门，离大栅栏不远，大栅栏路北有一家挺大的新华书店，我常常在放学之后到那里看书。多次翻看后，从那书架上琳琅满目的唐诗宋词里，我看中其中四本，最为心仪，总是爱不释手，拿起来，又放下，恋恋不舍。一本是复旦大学中文系编选的《李白诗选》，一本是冯至编选的《杜甫诗选》，一本是游国恩编选的《陆游诗选》，一本是胡云翼编选的《宋词选》。

每一次，翻完这四本书后，总要忍不住看看书后面的定价，《李白诗选》定价是1元5分，《杜甫诗选》定价是7角5分，《陆游诗选》定价是8角，《宋词选》定价是1元3角。四本书加起来，总共要小5元钱呢。那时候的5元钱，正好是我上学在学校里一个月午饭的饭费。每一次看完书后面的定价，心里都隐隐地叹口气，这么多钱，和父亲要，父亲不会答应的。所以，每次翻完书，心里都对自己说，算了，不买了，到学校借吧。可是，每次到新华书店里来，总忍不住还要踮着脚尖，把这四本书从架上拿下来，总忍不住翻完书后还要看看后面的定价，似乎希望这一次看到的定价，会比上一次看到的要便宜了似的。

那时候，姐姐为了帮助父亲分担家庭的负担，不到18岁就去了包头，到正在新建的京包铁路线上工作，从她的工资里拿出大部分，开始每月给家里寄20元钱。那一天放学之后，母亲刚刚从邮局里取回姐姐寄来的20元钱，我清清楚楚地看见母亲把那4张5元钱的票子放进了我家放"金银细软"的小箱子里。母亲出去之后，我立刻打开小箱子，从那4张票子里抽出一张，揣进衣兜，飞也似的跑出家门，跑到大栅栏，跑进新华书店，不由分说地，几乎是比售货员还要业务熟练地从书架上抽出那四本书，交到柜台上，然后从衣兜里掏出那张5元钱的票子，骄傲地买下了那四本书。终于，李白、杜甫和陆游，还有宋代那么多有名的词人，都属于我了，可以天天陪伴我一起吟风弄月、说山论河了。

回到家，我放下那四本书，非常高兴，就跑出去到胡同里和小伙伴们玩了。黄昏的时候，看见刚下班的父亲一脸铁青地向我走来，然后把我领回家，回到家，把我摁在床板上，用鞋底子打了我屁股一顿。我没有反抗，没有哭，什么话也没有说，因为我一眼看到床头上放着那四本书，知道父亲一定知道了小箱子里少了一张5元钱的票子是干什么去了。我知道，是我错了，我不该心血来潮私自拿钱去买书，5元钱对于一个贫寒的家的日子来说是笔不小的数目。

挨完打后，我没有吃饭，拿着那四本书，跑回大栅栏的新华书店，好说歹说，求人家退了书。我把拿回来的钱放在父亲的面前，父亲抬头看了我一眼，什么话也没有说。

第二天晚上，父亲回来晚了，天完全黑了下来。母亲已经把饭菜盛好，放在桌子上，我们一家正等他吃饭。父亲坐在饭桌前，没有先端饭碗，而是从他的破提包里拿出了几本书，我一眼看见，就是那四本书，《李白诗选》、《杜甫诗选》、《陆游诗选》和《宋词选》。父亲对我说："爱看书是好事，我不是不让你买书，是不让你私自拿家里的钱。"

将近50年的光阴过去了，我还记得父亲讲过的这句话和讲这句话时的样子。那四本书，跟随我从北京到北大荒，又从北大荒到北京，几经颠簸，几经搬家，一直都还在我的身旁。大栅栏里的那家新华书店，奇迹般的也还在那里。一切都好像还和童年时一样，只是父亲已经去世38年了。

母　亲

世上有一部永远写不完的书，那便是母亲……

那一年，我的生母突然去世。我不到八岁，弟弟才三岁多一点儿，我俩朝爸爸哭着闹着要妈妈。爸爸办完丧事，自己回了一趟老家。他回来的时候，给我们带回来了她，后面还跟着一个小姑娘。爸爸指着她，对我和弟弟说："来，叫妈妈！"弟弟吓得躲在我身后，我噘着小嘴，任爸爸怎么说就是不吭声。"不叫就不叫吧！"她说着，伸出手要摸摸我的头，我扭着脖子闪开，就是不让她摸。

望着这陌生的娘儿俩，我首先想起了那无数人唱过的凄凉小调："小白菜呀，地里黄呀，两三岁呀，没有娘呀……"我不知道那时是一种什么心绪，总是忐忑不安地偷偷看她和她的女儿。

在以后的日子里，我从来不喊她妈妈，学校开家长会，我硬是把她堵在门口，对同学说："这不是我妈。"有一天，我把妈妈生前的照片翻出来挂在家里最醒目的地方。以此向后娘示威，怪了，她不但不生气，而且常常踩着凳子上去擦照片上的灰尘。有一次，她正擦着，我突然向她大声喊着："你别碰我的妈妈。"好几次夜里，我听见爸爸在和她商量："把照片取下来吧！"而她总是说："不碍事儿。挂着吧！"头一次我对她产生了一种说不出的好感，但我还是不愿叫她妈妈。

孩子没有一个是省油的灯，大人的心操不完。我们大院有块平坦、宽敞的水泥空场。那是我们孩子的乐园。我们没事便到那儿踢球、跳皮筋，或者漫无目的地疯跑。一天上午，我被一辆突如其来的自行车撞倒，重重地摔在水泥地上，立刻晕了过去。等我醒来的时候，已经躺在医院里了。大夫告诉我："多亏了你妈呀！她一直背着你跑来的，生怕你留下后遗症，长大了可得好好孝顺她呀……"

她站在一边不说话，看我醒过来便伏下身摸摸我的后脑勺，又摸摸我的肚子。我不知怎么搞的，第一次在她面前流泪了。

"还疼？"她立刻紧张地问我。

我摇摇头，眼泪却止不住。

"不疼就好，没事就好！"

回家的时候，天已经全黑了。从医院到家的路很长，还要穿过一条漆黑的小胡同，我一直伏在她的背上。我知道刚才她就是这样背着我，跑了这么长的路往医院赶的。以后的许多天里，她不管见爸爸还是见邻居，总是一个劲埋怨自己："都赖我，没看好孩子！千万别落下病根呀……"好像一切过错不在那硬邦邦的水泥地，不在我那样调皮，而全在于她。一直到我活蹦乱跳没一点儿事了，她才舒了一口气。

没过几年，三年自然灾害就来了，只是为了省出家里一口人吃饭，她把自己的亲生闺女，那个老实、听话、像她一样善良的小姐姐嫁到了内蒙古。那年小姐姐才18岁，我记得特别清楚，那一天，天气很冷，爸爸看小姐姐穿得太单薄了，就把家里唯一一件粗线毛大衣给小姐姐穿上，她看见了，一把给扯了下来："别，还是留给她弟弟吧，啊！"车站上，她一句话也没说，只是在火车开动的时候，向女儿挥了挥手。寒风中，我看见她那像枯枝一样的手臂在抖动，回来的路上她一边走一边叨叨："好啊，好啊。闺女大了，早点寻个家好啊，好！"我实在是不知道人生的滋味儿，不知道她一路上叨叨的这几句话是在安抚她自己那流血的心。她也是母亲，她送走自己的亲生闺女，为的是两个并非亲生的孩子，世上竟有这样的后母？望着她那日趋隆起的背影，我的眼泪一个劲往外涌。"妈妈！"我第一次这样称呼了她，她站住了，回过头来，愣愣地看着我不敢相信这是真的，我又叫了一声"妈妈"，她竟"呜"的一声哭了，哭得像个孩子。多少年的酸甜苦辣，多少年的委屈，全都在这一声"妈妈"中融解了。

母亲啊，您对孩子的要求就是这么少……

这一年，爸爸因病去世了，妈妈先是帮人家看孩子，以后又在家里弹棉花，攥线头，她就是用弹棉花攥线头挣来的钱供我和弟弟上学。望着妈妈每天满身、满脸、满头的棉花毛毛，我常想亲娘又怎么样？！从那以后的许多年里，我们家的日子虽然过得很清苦，但是，有妈妈在，我们仍然觉得很甜美，无论多晚回家，那小屋里的灯总是亮的，橘黄色的灯光里是妈妈跳动的心脏。只要妈妈在，那小屋便充满温暖，充满了爱。

我总觉得妈妈的心脏会永远地跳动着，却从来没想到，我们刚大学毕业的时候，妈妈却突然地倒下了，而且再也没有起来。妈妈，请您在天之灵能原谅我们，原谅我们儿时的不懂事，而我永远也不能原谅自己。我知道在这个世界上，我什么都可以忘记，却永远不能忘记您给予我们的一切……世上有一部永远写不完的书，那便是母亲。

窗前的母亲

在家里，母亲最爱待的地方就是窗前。

自从搬进楼房，母亲就很少下楼，我们都嘱咐她，她自己也格外注意。楼层高、楼梯陡，自己老了，如果磕着碰着就会给孩子添麻烦。每天，我们在家的时候，她和我们一起忙活着做家务，手脚不识闲儿；我们一上班，孩子一上学，家里只剩下她一个人时，大部分时间，她就待在窗前。

那时，母亲的房间，一张床紧靠着窗子，那扇朝南的窗子很大，几乎占了一面墙，母亲坐在床上，靠着被子，窗前的一切就一览无余。阳光总是那样的灿烂，透过窗子照得母亲全身暖洋洋的，母亲就像向日葵似的特别爱追着太阳烤，让身子有暖烘烘的感觉。有时候，不知不觉她就依在被子上睡着了。一个盹打过来，睁开眼睛，她会接着望窗外。

窗外有一条还没有完全修好的马路，马路的对面是一片工地，恐龙似的脚手架簇拥着正在盖起的楼房，切割着那片湛蓝湛蓝的天空，遮挡了远处的视线。由于马路没有完全修好，来往的车辆不多，人也很少，窗前大部分时间是安静的，只有太阳在悄悄地移动，从窗子的这边移到另一边，然后移到窗后面，留给母亲一片阴凉。

我们回家，只要走到楼前，抬头望一下那扇窗子，就能看见母亲的身影。窗子开着的时候，母亲花白的头发会迎风摆动，窗框就像恰到好处的画框。等我们爬上楼梯，还没掏出门钥匙，门已经开了，母亲站在门口。不用说，我们从楼下看见母亲时，母亲也看见我们了。那时候，我们出门永远不怕忘记带房门钥匙，有母亲在窗前守候着，门后面总会有一张温暖的脸庞。有时我们晚上很晚才回家，楼下已经黑乎乎一片了，窗前的母亲也能看见我们。其实，母亲早就老眼昏花，不过是凭感觉而已，可她的感觉从来都十拿九稳，她总是那样及时地出现在家门的后面，替我们早早地打开门。

母亲最大的乐趣，是对我们讲她这一天在窗前看见的新闻。她会告诉我们：今天马路上开过来的汽车比往常多了几辆；今天对面的路边卸下好多的沙子；今天咱们这边的马路边栽了小树苗；今天她的小孙子放学和同学一前一后追赶着，像一阵风似的；今天还有几只麻雀落在咱家的窗台上……都是些平淡无奇的小事，但她有枣一棍子、没枣一棒子地讲起来时津津有味。

母亲不爱看电视，总说她看不懂那玩意儿，但她看得懂窗前这一切，这一切都像是放电影似的，演着重复的和不重复的琐琐碎碎的故事，沟通着她和外界的联系，也沟通着她和我们的联系。有时候，望着窗前的一切，她会生出一些东一榔头西一棒子的联想，大多是些陈年往事，不是过去住平房时的陈芝麻烂谷子，就是沉淀在农村老家时她年轻的回忆。听母亲讲述那些八竿子都打不到一起的事情，让我感到岁月的流逝、人生的沧桑就是这样在她的眼睛里和窗前闪现着。有时候，我偶尔会想，要是把母亲的这些都写下来，那才是真正的意识流呢。

母亲在这座新楼里一共住了五年。母亲去世以后，好长一段时间，我出门总是忘记带钥匙。而每一次回家走到楼下的时候，我也总是习惯地望望楼上的那扇窗，可那空荡荡的窗像是没有画幅的镜框，像是没有了牙齿的瘪嘴。这时，我才明白那五年里窗前母亲的身影对我们是多么的珍贵而温馨，才明白窗前有母亲的回忆，也有我们的回忆。

当然，更明白了：只要母亲在，家里的窗前就会有母亲的身影。那是每个家庭里无声却最动人的一幅画。

生命不仅属于自己

母亲去世十几年了，怪得很，还在梦中常梦到，且那样清晰：母亲一如既往地绽开皱纹纵横的笑容向我说着什么。人与人的生命就是这样系在一起，并不因为生命的结束而终止。

母亲晚年疾病缠身。记得那年她终于大病初愈，那时，我刚大学毕业留在学校教书。好几年躺在病床上的母亲消瘦了许多，但总算可以不吃药了，我和母亲都舒了口气。记不得从哪天清早开始，我老被外屋的动静弄醒，忽然有些害怕，因为母亲以前得过幻听式精神分裂症，常在半夜和清晨突然醒来跳下床。我真怕她旧病复发，一颗心一下提到嗓子眼儿。我悄悄爬起来往外看，只见母亲穿好衣服，站在地上甩胳臂伸腿弯腰，有规律地反复动着，动作有些笨拙，却很认真，看得出，这是她自编的早操，只管自己练，根本不管有没人看见。我的心一下静了下来，母亲知道锻炼身体了，这是好事，再老的人对生命也有着本能的向往。

大概母亲后来发现她的早操吵醒了我，便到外面院里去练了。她的胳臂、腿比以前有劲了，饭量大了，头发也梳得整齐了。正是冬天，清晨天气很冷，我对母亲说："妈，您在屋里练吧，不碍事，我睡觉死。"母亲却说："外面空气好。"

也许到那时我也没能明白母亲坚持每早锻炼是为什么，以为仅仅是为了她生命的延续。后来，有一次我开玩笑说她："妈，您真行，这么冷都能天天坚持！"她说："咳，练练吧，我身子骨硬朗点，省得给你添累赘。"这话说得我心头一沉，那一刻我才知母亲所做的一切是为了孩子，她把生命的意义看得这样直接、明了。

以后的很多日子里，我想起母亲的这话和她每天清早锻炼身体的情景，便感动不已。直到母亲去世的那天，她都没给孩子添一点累赘。母亲是无疾而终，临终那天，她如同预先感知一切似的，将自己的衣服包括袜子和手绢都洗得干干净净，整齐地叠放在柜门里。她连一件脏衣服都没给孩子留下。

也许，只有母亲才会这样对待生命。她将生命不仅看成自己的，而是关系着每个孩子，她就是这样将她的爱通过生命的方式传递着。

其实，我们每个人的生命都是这样的，不仅属于自己，而是天然地联系着他人，尤其是亲人。只是有时我们不那么想或想的不周全，以为生命是属于自己的，无论病还是其他痛苦，自己忍着就罢了，而对生命不那么珍惜，不知道这样做是会连及亲人的，他们现在会为我们对生命的不珍惜而日夜担心，日后会为我们因此得到的结果比如病倒在床而辛苦操劳。这样的例子不止一人，我弟弟就是其一。他饮酒成性，喝得胃出血，一边吃药一边照样攥着酒瓶子不放。不止一个人说他："注意身体，要不会喝出病来，弄不好连命都搭进去。"他却自以为很潇洒地说："无所谓。"照样以酒为乐，根本没考虑他妻子、孩子及我在内的亲人也无所谓吗？他起码连想想如果有一天喝出病来会给亲人带来多少痛苦都没有。

每次看到他这样子，我便想起母亲，我也曾将母亲锻炼的情景告诉给他，但他似乎无动于衷。前些天，就在过五一节的半夜，他突然再次胃出血，而且比以前更严重。他妻子怕得要命给我打来电话，我连夜奔过去，把他送到医院，后来总算恢复了。那天，我到医院看他，再次讲起了母亲的这件往事。他眼睛迷茫，什么话也没说，我不知道母亲的这件往事能对他起到什么作用。

　　想想，他没有亲身感到那情景，母亲每天清晨锻炼身体而想着包括我和他在内的孩子时，他喝得正痛快淋漓呢。或许，这就是孩子和母亲的区别。只有孩子才始终是母亲的连心肉，孩子脱离母体后总以为是飞跑了的蒲公英可以随处飘落。

　　我们常说一个人和一个人感情是可以相通的，其实，一个人和一个人的生命更是可以相连的。

【写作提示】

一个人怎么写（一）

——一条线和一个意象

写好一个人，也是初学写作的必经之路。学生作作义中，特别是在记叙文写作中，一件事和一个人，往往是训练的必要场地，常常会要求学生们在这上面一试身手。也的确是这样的，一件事和一个人，都能够写好，便像是乒乓球左推右挡的基本功训练，熟练得得心应手之后，便可以左右开弓，无往而不胜，再写其他文体或题目，就会容易得多，简便得多。

写好一个人，最好先从自己身边的人写起，因为身边的人，时常和我们生活在一起，甚至天天耳鬓厮磨，毕竟熟悉，闭上眼睛，就会写出发生在他们身上或他们和我们之间的很多有意思的事情。但是，问题往往就容易出现在这里，因为太熟悉，知道的事情太多，而一时无从下手，从哪儿写起，写些什么事情为好呢。

当然，写一个人的一件事，最方便，最简单易行。但是，学生们，特别是高年级的学生，已经不满足于一人一事这样简单的写作方法。不过，这样一来，常常会出现这样的尴尬，将很多事情堆积在一起写一个人。以为可以将这个人写得很丰富，却很可能像穿的衣服过多而显得臃肿、啰唆，以致写成了流水账，写成一锅糨子一般。让这些多的事情淹没了这个人物。

花边饺

　　小时候，包饺子是我家的一桩大事。那时候，家里生活拮据，吃饺子当然只能等到过年过节。平常的日子，破天荒包上一顿饺子，自然就成了全家的节日。

　　一般，妈妈总要包两种馅的饺子，一种肉一种素。这时候，圆圆的盖帘上分两头码上不同馅的饺子，像是两军对弈，隔着楚河汉界。我和弟弟常捣乱，把饺子弄混，但妈妈不生气，用手指捅捅我和弟弟的脑瓜儿说："来，妈教你们包花边饺！"我和弟弟好奇地看，妈妈将包了的饺子沿儿用手轻轻一捏，捏出一圈穗状的花边，煞是好看，像小姑娘头上戴了一圈花环。我们却不知道妈妈耍了一个小小的花招儿，她把肉馅的饺子都捏上花边，让我和弟弟连吃惊带玩地吞进肚时，眼睛笑得眯成了一条缝。

　　那些艰苦的岁月，妈妈的花边饺，给了我们难忘的记忆。但是，这些记忆，都是长到自己做了父亲的时候，才开始清晰起来，仿佛它一直沉睡着，必须我们用经历的代价才可以把它唤醒。

　　自从我能写几本书之后，家里经济状况好转，饺子不再是什么圣餐。我想起码不能让妈妈在吃这方面再受委屈了。我曾拉妈妈到外面的餐馆开开洋荤，她连连摇头："妈老了，腿脚不利索了，懒得下楼啦！"我曾在菜市场买来新鲜的鱼肉或时令蔬菜，回到家里自己做，妈妈并不那么爱吃，只是尝几口便放下筷子。我便笑妈妈："您呀，真是享不了福！"

后来，我明白了，尽管世上食品名目繁多，人的胃口花样翻新，妈妈雷打不动只爱吃饺子。那是她老人家几十年一贯制历久常新的最佳食谱。我知道唯一的方法是常包饺子。

那一年大年初二，全家又包饺子。我要给妈妈一个意外的惊喜，因为这一天是她老人家的生日。我包了一个带糖馅的饺子，放进盖帘一圈圈饺子之中，然后对妈妈说："今儿您要吃着这个带糖馅的饺子，您一准儿是大吉大利！"

妈妈连连摇头笑着说："这么一大堆饺子，我哪儿那么功能有福气吃到？"说着，她亲自把饺子下进锅里。饺子如一尾尾小银鱼在翻滚的水花中上下翻腾，充满生趣。望着妈妈昏花的老眼，我看出来她是想吃到那个糖饺子呢！

热腾腾的饺子盛上盘，端上桌，我往妈妈的碟中先拨上三个饺子。第二个饺子妈妈就咬着了糖馅，惊喜地叫了起来："哟！我真的吃到了！"我说："要不怎么说您有福气呢？"妈妈的眼睛笑得眯成了一条缝。

其实，妈妈的眼睛实在是太昏花了。她不知道我要了一个小小的花招，用糖馅包了一个有记号的花边饺。

那曾是她老人家教我包过的花边饺。

荔　枝

　　我第一次吃荔枝，是28岁的时候。那是十几年前，我刚从北大荒回到北京，家中只有孤零零的老母。站在荔枝摊前，脚挪不动步。那时，北京很少见到这种南国水果，时令一过，不消几日，再想买就买不到了。想想活到28岁，居然没有尝过荔枝的滋味，再想想母亲快70岁的人了，也从来没有吃过荔枝呢！虽然一斤要好几元，挺贵的，咬咬牙，还是掏出钱买上一斤。那时，我刚在郊区谋上中学老师的职，衣袋里正有当月42元半的工资，硬邦邦的，鼓起几分胆气。我想让母亲尝尝鲜，她一定会高兴的。

　　回到家，还没容我从书包里掏出荔枝，母亲先端出一盘沙果。这是一种比海棠大不了多少的小果子，居然每个都长着疤，有的还烂了皮，只是让母亲一一剜去了疤，洗得干干净净。每个沙果都显得晶光透亮，沾着晶莹的水珠，果皮上红的纹络显得格外清晰。不知老人家洗了几遍才洗成这般模样。我知道这一定是母亲买的处理水果，每斤顶多5分或者1角。居家过日子，老人就这样一辈子过来了。不知怎么搞的，我一时竟不敢掏出荔枝，生怕母亲骂我大手大脚，毕竟这是那一年里我买的最昂贵的东西了。

　　我拿了一个沙果塞进嘴里，连声说真好吃，又明知故问多少钱一斤，然后不住口说真便宜——其实，母亲知道那是我在安慰她而已，但这样的把戏每次依然让她高兴。趁着她高兴的劲儿，我掏出荔枝："妈！今儿我给您也买了好东西。"母亲一见荔枝，脸立刻沉了下来："你财主了怎么着？这么贵的东西，你……"我打断母亲的话："这么贵的东西，不兴咱们尝尝鲜！"母亲扑哧一声笑了，筋脉突兀的手不停地抚摸着荔枝，然后用小拇指甲盖划破荔枝皮，小心翼翼地剥开皮又不让皮掉下，手心托着荔枝，像是托着一只刚刚啄破蛋壳的小鸡，那样爱怜地望着舍不得吞下，嘴里不住地对我说："你说它是怎么长的？怎么红皮里就长着这么白的肉？"毕竟是第一次吃，毕竟是好吃！母亲竟像孩子一样高兴。

那一晚，正巧有位老师带着几个学生突然到我家做客，望着桌上这两盘水果有些奇怪。也是，一盘沙果伤痕累累，一盘荔枝玲珑剔透，对比过于鲜明。说实话，自尊心与虚荣心齐头并进，我觉得自己仿佛是那盘丑小鸭般的沙果，真恨不得变戏法一样把它一下子变走。母亲端上茶来，笑吟吟顺手把沙果端走，那般不经意，然后回过头对客人说："快尝尝荔枝吧！"说得那般自然、妥帖。

母亲很喜欢吃荔枝，但是她舍不得吃，每次都把大个的荔枝给我吃。以后每年的夏天，不管荔枝多贵，我总要买上一两斤，让母亲尝尝鲜。荔枝成了我家一年一度的保留节目，一直延续到三年前母亲去世。

母亲去世前是夏天，正赶上荔枝刚上市。我买了好多新鲜的荔枝，皮薄核小，鲜红的皮一剥掉，白中泛青的肉蒙着一层细细的水珠，仿佛跑了多远的路，累得张着一张张汗津津的小脸。是啊，它们整整跑了一年的长路，才又和我们阔别重逢。我感到慰藉的是，母亲临终前一天还吃到了水灵灵的荔枝，我一直认为是天命，是母亲善良忠厚一生的报偿。如果荔枝晚几天上市，我迟几天才买，那该是何等的遗憾，会让我产生多少无法弥补的痛楚。

其实，我错了。自从家里添了小孙子，母亲便把原来给儿子的爱分给了孙子一部分。我忽略了身旁小馋猫的存在，他再不用熬到28岁才能尝到荔枝，他还不懂得什么叫珍贵，什么叫舍不得，只知道想吃便张开嘴巴。母亲去世很久，我才知道母亲临终前一直舍不得吃一颗荔枝，都给了她心爱的太馋嘴的小孙子吃了。

而今，荔枝依旧年年红。

苦　瓜

　　原来我家有个小院，院里可以种些花草和蔬菜。这些活儿，都是母亲特别喜欢做的。把那些花草蔬菜侍弄得姹紫嫣红，像是给自己的儿女收拾得眉清目秀，招人眼目，母亲的心里很舒坦。

　　那时，母亲每年都特别喜欢种苦瓜。其实这么说并不准确，是我特别喜欢苦瓜。刚开始，是我从别人家里要回苦瓜籽，给母亲种，并对她说："这玩意儿特别好玩，皮是绿的，里面的瓤和籽是红的！"我之所以喜欢苦瓜，最初的原因是它里面瓤和籽格外吸引我。苦瓜结在架上，母亲一直不摘，就让它们那么老着，一直挂到秋风起时，越老，它们里面的瓤和籽越红，红得像玛瑙、像热血、像燃烧了一天的落日。当我掰开苦瓜，兴奋地将这两片像船一样而盛满了鲜红欲滴的瓤和籽的瓜时，母亲总要眯缝起昏花的老眼看着，露出和我一样喜出望外的神情，仿佛那是她的杰作，是她才能给予我的欧·亨利式的意外结尾，让我看到苦瓜最终具有了这一朝阳般的血红和辉煌。

　　以后，我发现苦瓜做菜其实很好吃。无论做汤，还是炒肉，都有一种清苦味。那苦味，格外别致，既不会传染给肉或别的菜，又有一种苦中蕴含的清香，和苦味淡去的清新。

　　像喜欢院子里母亲种的苦瓜一样，我喜欢上了苦瓜这一道菜。每年夏天，母亲经常都会从小院里摘下沾着露水珠的鲜嫩的苦瓜，给我炒一盘苦瓜青椒肉丝。它成了我家夏日饭桌上一道经久不衰的家常菜。

　　自从这之后，再见不到苦瓜瓢和籽鲜红欲滴的时候，是因为再等不到那个时候了。

　　这样的菜，一直吃到我离开了小院，搬进了楼房。住进楼房，依然爱吃这样的菜，只是再吃不到母亲亲手种、亲手摘的苦瓜了，只能吃母亲亲手炒的苦瓜了。

　　一直吃到母亲六年前去世。

　　如今，依然爱吃这样的菜，只是母亲再也不能为我亲手到厨房去将青嫩的苦瓜切成丝，再掂起炒锅亲手将它炒熟，端上自家的餐桌了。

　　因为常吃苦瓜，便常想起母亲。其实，母亲并不爱吃苦瓜。除了头几次，在我一再地怂恿下，勉强动了几筷子，皱起眉头，便不再问津。母亲实在忍受不了那股异样的苦味。她说过，苦瓜还是留着看红瓢红籽好。可是，每年夏天当苦瓜爬满架时，她依然为我清炒一盘我特别喜欢吃的苦瓜肉丝。

　　最近，看了一则介绍苦瓜的短文，上面有这样一段文字："苦瓜味苦，但它从不把苦味传给其他食物。用苦瓜炒肉、焖肉、炖肉，其肉丝毫不沾苦味，故而人们美其名曰，'君子菜'。"

　　不知怎么搞的，看完这段话，让我想起母菜。

母亲和莫扎特

　　这似乎是一个不伦不类的题目，母亲目不识丁，根本没有想过这个世界上曾有过一位莫扎特。

　　是冥冥中的命运，把母亲和莫扎特连在一起。

　　那一年的夏天最难熬，我常去两个地方消遣：一是月坛邮票市场，一是灯市口唱片公司。抱着邮票回家，邮票不会说话，任你摆弄，母亲只是悄悄坐在床头看我，看困了，便倒下睡着了，微微打着鼾。唱片不是邮票，买回来是要听的，而且，常觉得音量太小难听出效果，便把音量放大，震得满屋摇摇晃晃；又常在夜深人静时听，觉得那时才有韵味，才能把心融化……母亲常无法休息。我几次对老人说："吵您睡觉吧？"她总是摆摆手："不碍的，听你的！"我问她："好听吗？"她点着头："好听！"其实，我知道，一切都是为了我。她总是默默地坐在床头，陪我听到很晚。母亲并不关心那个大黑匣中的贝多芬、马勒或曼托瓦尼，母亲只关心一个人，那便是我。

　　八月的一天的黄昏，我又来到了灯市口，偶然间看到一盘莫扎特的《安魂曲》。我拿了起来，犹豫了一下，买还是不买？这是莫扎特最后一部未完成曲，拥有它是值得的，但是，我实在不大喜欢莫扎特。我一直觉得他缺少柴可夫斯基的忧郁，勃拉姆斯的挚情，更缺少贝多芬的深刻，我知道这是我偏执，但在音乐面前喜欢与不喜欢，来不得半点虚假。

这一天黄昏，我空手而归，母亲还好好的，正坐在厨房里帮我择新买的小白菜和嫩葱。我问她："今晚您想吃点什么？"她像以往一样说："你想吃什么就做什么吧！"几十年，她就是这样辛苦操劳，却从不为自己提一点点要求。我炒菜，她像以往一样站在我旁边帮我打下手。晚饭后我听音乐，她像以往一样坐在床头默默陪我一起听，一直听到很晚、很晚……谁会想到，第二天老人家竟会溘然长逝呢？母亲依然如平日一样默默坐在床头，突然头一歪倒在床上，无疾而终，突然得让我心一时无法承受。

丧事过后，我想起那盘《安魂曲》。莫非莫扎特在启迪我母亲即将告别这个世界，灵魂需要安慰？而我却疏忽了，只咀嚼个人的滋味？我很后悔没有买。如果买下让母亲临别最后一夜听听也好啊！我甚至想，如果买下也许能保佑母亲不会那样突然而去呢！

我直感到对不住莫扎特，我直感到对不住母亲。

不要执意追求什么深刻，平凡、美好，本身不就是一种深刻吗？母亲太过平凡，但给予孩子最后一刻的爱，难道不也是一种深刻吗？我看到梅纽因写过的一段话，说莫扎特的音乐"像一座火山斜坡上的葡萄园，外面幽美宁静，里面却是火热的！"我没有理解莫扎特，也没有理解母亲。

我鬼使神差又跑到灯市口，可惜，那张唱片没有了。

【写作提示】

一个人怎么写（二）

——一个结点上的亮相

先举几个例子——

泰戈尔的《喀布尔人》，写的是一位远离家乡的卖货郎，思念小女儿。泰戈尔是如何表达，又是如何来写这样一个人物的呢？最后依托的是那张印有小女儿小小手印的纸。这张纸一直藏在他的身上，即使是坐牢也没有把它弄坏弄丢。文章前面写了卖货郎的很多事情，就像一个运动员从远处开始跑步，是在助跑，是在积蓄力量，为了这最后的一跃——展现给读者这张纸，从而打动读者，并让这位父亲的形象树立了起来。

皮兰德娄的《西西里柠檬》，写的是一位来自西西里的小伙子，风尘仆仆地来到城里看望他的恋人，面对的却是已经把他遗忘而移情别恋的恋人。如何展现这样两个年轻人截然不同的形象呢？靠的是小伙子带来的家乡的西西里柠檬。小伙子离开后，那些柠檬留在了那里。无疑，柠檬成为了一种感情的象征物，也成了两个人形象的延伸。

老舍的《热包子》，同样写的是一对年轻人，不过不是恋人的关系，而是已经升级为夫妻。摩擦之后，妻子离家出走半年，又大盼望她归来，妻子归来的那一刻，他跑出家门，旁人问他干吗去，他先是喜欢得说不出话来，然后趴在人家的耳边说了句："我给她买热包子去。"他把个"热"字说得分外真切。买热包子的这个举动，让这个丈夫喜悦的心情和憨厚的形象凸显。

孙犁的《红棉袄》，写的是一个十六岁的农村姑娘，抗战期间，患有打摆子重病的八路军战士，来到她家的故事。家里只有她一个人，她该怎样面对这突然到来的一切，去照顾瑟瑟发抖、不住呻吟、身子缩拢得越来越小的战士呢？她脱下自己在这一天早晨才穿上的红棉袄，给战士盖上。如果没有这件红棉袄，光是说她怎么样烧炕取暖，怎么样烧水做饭，怎么样说着关心的话语，怎么能够突出小姑娘的形象呢？

之所以先举出这样四个例子，是想说明写好一个人物，可能会有许多种方法，但更好更有力量也更容易学的，莫过于这四篇文章中所用的一种共同的方法，即集中力量写好和人物密切相关的最关键的一件事。

在这里，有两点需要格外注意：

第一，这件事，一定不要那么复杂，那么琐碎，要有形象一些的东西作为依托。就像这四篇文章中的那张印有小女儿小手的纸和被遗忘的西西里柠檬、那几个热包子和那件新穿在身上的红棉袄。

第二，这样富有形象感的事物，一定是在文章最后和人物一起干净利落地出现。它们一出现，文章就戛然而止。

这就像京戏里人物的亮相。舞台上的追光灯聚光在人物的身上，人物所有的光彩都凝聚在这一刻之中，给人们留下的印象就深，而且，是定格在那一瞬间。

在关于人物的写作中，我喜欢这样的写法，虽然只是最后的一个亮相，却有着举足轻重的作用，起到事半功倍的效果，所谓动人春色不须多，秤砣虽小压千斤。因此，我常常注意学习这样的方法，看看别人是怎么样运用这样的方法的。有时候，学习是非常重要的，尤其是同学们在最初的写作过程中，有榜样在前，有红模子可描，是非常必要的。写作，害怕想当然，害怕自以为是。

第 3 堂课

风景不是无情物

天池浪漫曲

到新疆首先要到天池。

天池！听听这名字就足以引人，天上的池塘，该是何等浪漫。更何况古称瑶池，传说是王母娘娘沐浴之地，周穆王西游宴乐之地，更让这里闪烁着浪漫光环。我上天池为了什么？望着一车脸上泛着光芒的游人，我在问自己。

车出了乌鲁木齐，戈壁的苍凉让人心发紧，悲壮让人心动，美却让人感到辛酸得想落泪。我知道这是西北独具的色彩和美，这是一种只有经历沧桑才能感受到的悲剧式崇高而庄严的美。美丽而神奇的天池那一缕浪漫，正诞生在这样浑黄苍凉美的土地上。

我明白了，我并非独寻天池而来，我是梦想着、思念着、牵挂着一个人的。如果没有这个人，也许我不会到新疆来，也不会奔天池去。因为新疆最初给我的印象，不是哈密瓜，不是葡萄干……而是他写的歌"在那遥远的地方，有位好姑娘，人们走过她的帐房，都要回头留恋地张望……""达坂城的石头硬又平啊，西瓜大又甜；达坂城的姑娘辫子长啊，两只眼睛真漂亮……"是他的歌把新疆与我拉近。只是那时一直到后来许久，我并不知道不仅仅这两首而且众多有关新疆的歌都是他创作的。这不能怪我，尽管《在那遥远的地方》编入法国国立巴黎音乐学院的教材，罗伯逊曾将它作为保留节目唱遍世界，歌曲并没有署名作者，而荒唐地冠以"青海民歌"。他是谁？能写出这么动听歌的人一定美如达坂城的姑娘……

车到阜康县城折东跑三十一公里便是天池。一路天池水向导一样引我入山。

就在今年，我才知道他叫王洛宾，今年已经七十八岁高龄！

他的青春融进他创作的无数首新疆歌曲：《玛依拉》、《半个月亮爬上来》、《都塔尔和玛丽亚》、《高高的白杨树》……他的歌就是他的心的翅膀，让新疆飞向世界。

传说也许带有演绎色彩，说他在二十六岁那一年在兰州街头偶然听到一个维吾尔族司机哼唱小曲，立刻被磁石般吸引住了。为此，痴情如醉，他竟义无反顾，只身一人西出阳关，直奔新疆，成了一个地地道道的西北土著。谁想到呢，他却为此付出太为昂贵的代价，不仅仅是青春，不仅仅是中年丧妻，而且是长达十五年的牢狱生涯……

他却创作出那么多美妙足以惊动世界的新疆歌曲！

我终于见到了天池！它比我见到过的许多湖泊都要美。平原的湖泊：太湖、西湖、鄱阳湖，自不必说了，它们难有这样居高临下的气势，难有这样倚天揽山的格局，难有这样古木拔地、雪峰参天的森森万千气象！如果说美，它是冷艳的美，是经历寒冷之后的温馨。如果说美，它是悲壮的美，是经历了磨砺沧桑之后的深沉。

我却没能见到他——王洛宾。

南疆，一枚金色的书签

南疆是金色的。

横亘新疆的塔克拉玛干沙漠，在南疆，一望无垠，连接着天与地、神与人那遥远渺茫而神秘的界限，在西北格外高远的蓝天的映衬下，在紫外线格外强烈的阳光的照射下，沙漠浸透着无边无际的金色。那种纯正的金色，似乎从每一粒沙砾中都可以提取出金子来。

这种金色，可以说是涂抹在整个南疆的底色，在中国，这是任何一地旅游中都无法看到的风光。在江南的春天，可以看到绿色的山水；在北国的冬天，可以看到银色的冰雪；在中原的秋天，可以看到火红的枫叶……但是，你要想看到这样壮丽恢宏的金色的沙漠，必要到南疆，舍此其谁，别无选择。

不过，如果你以为南疆只是沙漠一片地表的荒凉、一种色彩的单调、一幅"一川碎石大如斗，随风满地石乱走"的枯寂画面，那你就错了。南疆的魅力，在于这样壮阔的沙漠背景中所蕴藏着的庙宇、千佛洞和古城遗址。它们相得益彰，构成了南疆人文与自然交相辉映的奇迹。

庙宇在各地都能够见到，但如果你不乘飞机而是坐汽车横穿塔克拉玛干之后来到喀什，见到那金碧辉煌的清真寺的时候，那感觉是不一样的。因有了漫长旅途的期待，更因有和天一样宽广的沙漠的依托与对比，那彩色的清真寺才会在你的眼前立刻为之一亮，仿佛在茫茫的黑夜里看到了灿烂的星星，和在星星闪烁下出现的童话般的辉煌的宫殿一样。风景，如同戏剧中的人物出场一样，南疆独有的沙漠无疑起了烘云托月的作用。金色和彩色的色彩相比，才会显得如此炫目。这让我想起在土耳其的伊斯坦布尔见到的蓝色清真寺，在蔚蓝色的博斯特鲁斯海峡涌动的海水的映衬下，才显得那样的壮观。南疆的沙漠，与伊斯坦布尔的海水，作用是一样的，化学反应似的，衬托得清真寺那样的不同凡响，金色的沙漠和蔚蓝色的海水，是清真寺的背景，如果没有了这样的背景，怎么可以迸射出它们如此的辉煌？

　　千佛洞，无论是库车的克孜尔尕哈的千佛洞，还是新和的托呼拉克埃肯木千佛洞，本身无疑就因有佛光聚集而辉映着灿烂的金色。这种佛光与沙漠的金色相互辉映，彼此增添着金色的浓度和纯度，千佛洞，诞生在这样的沙漠之中，才显示着它的神秘与古老。沙漠的苍老和沧桑，如老人一样保护着它们，让它们在沙漠的腹地，在历史的深处，免受伤害而能够长久的保鲜存真。也让它们历史的厚重如树的年轮一样层层叠加那样的醒目，不用任何标签，一眼就能够看得出来。那是在真正岁月雕刻下的皱纹，而不是现代化妆术后的形象。同样，沙漠因有了这样的一座座千佛洞的存在而有佛光的普照，才让沙漠中的每一粒沙砾格外金光灿灿，让在自然中在俗世中的沙砾有神圣的光芒，让你膜拜，禁不住跪拜在沙漠之中，双手捧起沙砾，让沙砾从指缝间沙漏一般流溢而出，让你感到温度，感到力度，感到茫茫天地之间的渺小和自然与神的伟大。

　　那些散落在南疆沙漠中的古城遗址，交河故城也好，唐兰遗址也罢，或是楼兰古城、苏巴什古城、乌什喀特古城、唐奥依古城、库尔勒古城……都是南疆的奇迹。它们是南疆闪烁在今天的眼睛，它们是活在历史中的灵魂。记得那一年，我去库车的苏巴什古城，是一个落日洒满天地之间的黄昏。山是金色的，沙漠是金色的，古城的断壁残垣也都是金色的。粗犷、空旷而荒凉的景色，天和地，风和日都加入了景色之中，成为了景色独一无二的元素，更容易让人荡涤心胸，感受到与大自然的相通，和历史的接近。那样的景色，是都市的人造景观无法相比的，是那种油饰一新的仿古景观更无法相比的。在这样的景色中徜徉，古龟兹国的威风凛凛，出征西域的班超的金戈铁马，似乎都显得那样的近，仿佛就在身边不远的地方，在那座古城堡的黄色山丘后面藏着，只要我们一声招呼，他们，还有那万千将士和战马都可能呼啸着奔涌而出。四围山色，一鞭残阳，万里戈壁，迎风怀想，那样的旅程，是和小桥流水，和桃红柳绿，完全不在一个段位之上。

南疆的魅力，还在于在这样壮丽的沙漠中所蕴藏有一条壮丽的河流——莽莽苍苍的塔里木河，和河两岸各自延伸40公里的莽莽苍苍的胡杨林。

金色的南疆，如果说是一座用金子打造而成的宫殿，也正是因为有了这样丰富的人文与自然风光的参与，才使得南疆这一份炫目的金色丰富起来。如果说庙宇、千佛洞、古城遗址，是南疆雄性的体现，那么，塔里木河和胡杨林则是它女性的象征。

只要你一踏进南疆，你就被这样丰富多彩的金色所包围，所淹没，便把你自己也锻造成了一枚金色的书签，夹在你回忆的纪念册里了。

德天瀑布

德天瀑布，其实在那里漂亮地存在了几百万年，甚至上千万年了。但是，我们不知道。我们知道贵州的黄果树瀑布，知道黄河上的壶口瀑布，知道因李白诗句闻名的庐山瀑布，甚至知道横跨美国加拿大两国的尼亚加拉大瀑布……但不知道这个世界上还有一个一点也不比它们差的德天瀑布。德天瀑布只是一任自己在夏季赤身裸体敞亮而痛快淋漓地飞驰着，在冬季枯水季节里瘦弯了腰肢，披上了金色落叶的裙裾袅娜地游泳流淌着，和"寂寞开无主"的山间野花一样，花开花落不间断，春来春去不相关。

自然界的风光，美丽不在于人们知道后对它的赏识，而在于自身在寂寞中成全了自己的女儿身。人们不知道它之前，哪怕经历了成百上千悠长的岁月，它依然能神奇地保持着自己的青春，而当人们一知道了它之后，它便极其容易地迅速衰老。

出广西南宁往西走100多公里，到大新县城再往西南走，看见路越走越细，当两边的山峰一座座忽然变得像是桂林般的秀丽模样，青翠欲滴地挽着手迎面走来，山脚下开始淌起清澈而清白得不带一点污染杂质的河流，河边长满婀娜多姿的凤尾竹、古老参大的木棉树时，德天瀑布就在眼前不远的地方了。爬上高高的山坡，眼前是一片蓝得水洗了一般，洁净得近乎透明的蓝天。

突然听到一阵阵轰鸣声似乎是从那蓝天的深处由远而近地訇然抵达

你的耳畔。轰鸣声浑厚，却不像雷声那样带有嘈杂的喧嚣，而是夹带着湿润的气息，仿佛服用了金嗓子喉宝似的，声音里浸润着晶莹的水珠，听来如同嘹亮而清新的法国圆号或木管，从悠悠的云层中荡漾在你的面前。那花开一般绽放出层层涟漪的，就是德天瀑布。

这时，我们已经站在了高高的山坡上，德天瀑布在脚下一览无余。它的后面便是越南的土地，它的右边还有一条瀑布，但已属于越南了。如果是夏天，这两条瀑布会连在一起，浩浩荡荡地飞奔而下，会像是一支巨大的排箫，千孔万孔地喷涌出冲天的水柱，奏响轰天的交响，在天地之间响彻激越的回音，义无反顾地投奔在烈阳蓝天之下，迸碎出万千朵如雪的浪花。有时，会想山和山永远不可能走到一起，但水哪怕隔开得再远，却可能走到一起。眼前的德天瀑布不就是这样吗？在冬天它们会分离，在夏天就又走到一起，说它们是跨国瀑布当然可以，说它们像是一对情人瀑布，不也分外恰当吗？

【写作提示】

一个景怎么写（一）
——对应法

对比写事和写人，写景更难。起码在我看来，写景更容易落入俗套。那些我们自己经历的事和接触的人，毕竟属于我们自己，别人无法重复。而那些景，客观存在那里不知多少年月，越是有名的景，就越是早已经不知被多少人写过、写滥。你觉得自己写得不错，却很可能是在嚼别人嚼过的剩馍。

写景还有一个难处，在于很容易被旅游手册上面的介绍带入沟里。如今网上关于景的介绍很多，键盘一点，得来轻而易举，却也容易陈陈相因，写成旅游手册的翻版。

警惕这样两点，是写好关于景的文章的前提。所以，一般在写景的文章之前，我都会很警惕，不敢轻易下笔。

这里介绍一种方法，可以供初学写作的同学们参考，那便是对应法。所谓对应法，指的是不要只写景的一处，那样很难写好、写活、写新，而是要找到不同景中彼此相联系、相呼应、相对应的东西，这样相互照应，帮衬着写，一般会事半功倍。就像俗话说的那样，一个好汉三个帮，一个帐篷三个桩。写景，可以写三个对应，但最好是找到两个对应即可，那样更方便来写，多了，容易拌蒜，自己给自己添乱。

　　德天瀑布，是横跨中国和越南的两道瀑布，枯水季节，它们彼此会分离；水大的时候，两条瀑布合而为一。文章找到它们相互呼应和对应的东西，再拟人化。这样下笔就容易一些，也就容易和别人所写的拉开一点距离。

杜鹃　杜鹃

现在是看杜鹃花的时节。我国杜鹃花的品种极多，但有两处的杜鹃花，最让人难忘，非常值得一看。一处是湖南九嶷山的杜鹃花，九嶷山的杜鹃在4月开花。《史记》中记载："舜南巡狩，崩于苍梧之野，葬于江南九嶷。"人们都知道九嶷山的湘妃竹，因舜帝葬于此而闻名，不大知道九嶷山的杜鹃，是因为传说中的娥皇和女英两位妃子千里迢迢逆潇水而上到九嶷，一路哭来，泪水滴落在竹上，紫痕斑斑，千年不落，才有了"斑竹一枝千滴泪，红霞万朵百重衣"的诗句。其实，娥皇和女英的泪水不仅滴在湘妃竹上，也滴落在杜鹃花上面，九嶷山的杜鹃一样有名，而且应该说比湘妃竹更动人。动人的是传说中说舜帝未死之前，九嶷山漫山遍野开的都是红杜鹃，在舜倒地那一瞬间，满山的红杜鹃，都齐刷刷地变成了白杜鹃，摇曳着齐为舜帝致哀。

连杜鹃花都知道舜帝教当地人制茶、办学堂，最后为百姓伏蟒受毒致死，而深得百姓的爱戴和怀念，才有了这样神话般的感应。想想一山的杜鹃在顷刻之间有了灵性，变了颜色，花随风摇，带动着巍巍高山也颜色陡变而随之摇曳，杜鹃摇曳着祭祀的白绸，山谷响彻悲恸的风声，该是多么壮丽的场面。从此，九嶷山每年4月，都是既开红杜鹃，也开白杜鹃。这时候到九嶷山，满山的红白杜鹃，扑扇着红白一对翅膀，把整个九嶷山带动得都飞起来似的，会让人迎风遥想，染上历史回味和岁月沧桑的杜鹃，不是一朵，也不是一丛、一片，而是漫山遍野怒放的红杜鹃、白杜鹃，真的是杜鹃之交响。

　　另一处是云南香格里拉碧塔海的杜鹃花，它们比九嶷山的杜鹃开得晚些，要在5月开花。碧塔海藏在香格里拉深处，一围群山，四处草甸，漫天清澈得像母亲怀抱那高原特有的天光云色，将碧塔海衬托得分外幽静而神秘。碧塔海周围遍布杜鹃花林，高原的红杜鹃，开得烂漫如火，似乎因为离着太阳近，把灿烂的阳光都吸收进花蕊里面，每一朵都红得像是要破裂得流淌下红色的汁液来，更是特别粗犷妖冶，肆无忌惮。

　　山野的风吹来，成片的杜鹃花约好了似的，飞流直下三千尺的瀑布一样飘落进碧塔海中，红艳艳一片，一天霞光云锦般地漂浮在水面上，燃烧的血一样荡漾。这时，会有成群的鱼闻香扑面游来，像是奔赴一年一次的情人约会而浩浩荡荡，争先恐后，那一份浪漫的豪情，如同高原上掠过的长风，一泻千里，无遮无拦。高原的鱼和花真是一样的秉性，也是豪放得很，嗫嗫着小嘴，贪婪地吞吃杜鹃花瓣，如同高原贪杯的汉子一样，不喝得一醉方休不会放下酒杯，吞吃杜鹃花瓣的鱼，便成群成片地醉倒，漂浮在碧塔海之上，成为高原最美丽的一景。当地人称之为"杜鹃醉鱼"。那种粗犷之中蕴含的平原湖泊中难得的浪漫，首先得益于红杜鹃托风传媒，慷慨地举身赴清池的浪漫，方才与鱼相得益彰，如此风情万种，将碧塔海变成红塔海，让人叹为观止。

　　如果九嶷山的杜鹃是壮丽的杜鹃，碧塔海的杜鹃是浪漫的杜鹃。

　　如果九嶷山的杜鹃属于神话，碧塔海的杜鹃属于童话。

　　"庄生晓梦迷蝴蝶，望帝春心托杜鹃。"李商隐把杜鹃写成殷切的思念。"杜鹃啼血猿哀鸣。"白居易把杜鹃写成悲切的呼唤。

　　杜鹃鸟总是与哀伤相连，而杜鹃花则与浪漫相系。

　　无论是娥皇和女英的香泪，还是为舜帝而寄托的哀思，都将白色杜鹃花染上了浪漫主义色彩，让人们在无限美好的想象中赋予杜鹃花以种种含义。

　　杜鹃花的美艳是有目共睹的。成片的杜鹃花或烂漫如火、热情娇媚，或洁白如雪、风情万种。壮美的花魂、神秘的花语撩人心弦，引人遐思。

水之经典

世上丽水秀水晶莹之水清澈之水恢宏之水浩瀚之水，多得是。但在我看来，极富个性、最值得看的是这两处：都江堰和九寨沟。

看都江堰的水，看的是强悍奔腾的水如何层层叠叠化为生命的涓涓细流。飞奔如兽、桀骜不驯的岷江水，经过都江堰，立刻将仰天长啸变为喃喃细吟，将浪涛如山变为珍珠四溢，将凶猛如火变为柔情万缕……出宝瓶口流入内江，立刻呈现一派水光潋滟的情景，让人叹为观止，看到水的柔劲、可塑和万难不屈、长流不懈的生命活力。那是一种将绚烂归于平淡，将刚劲寓于柔顺，将一时融于永恒的生命。

都江堰看水，看的是水如何从天上流入人间，如何从神话流入现实，如何将自己化为一种哺育人类、灌溉庄园的生命。都江堰的水，是一种入世的现实的水。

李冰的都江堰名垂千古，功劳在于他知道水可载舟亦可覆舟这看似浅显的道理。水的两重性，比之人的多重性，他认识得还要透彻深刻。他或许对付不了人的多变纷纭，一辈子只当个蜀中郡守；却能对付水，把疯狂的水引入现实，一直绵绵流淌了两千多年。

曾在成都看国际熊猫节开幕式的演出，演李冰父子治水一幕，满场旌旗飘扬、战鼓如雷，让李冰父子率领众人杀败龙王恶神，我实在不以为然。这种善恶之斗、人鬼之争的简单演绎，把李冰父子变成了神。其实，恰恰是李冰父子将水从不可治理不可理喻的神化为同芸芸众生一样的，在现实中浇灌着农田，在平凡土地上存活的生命。

看九寨沟的水，看的是宁静、恬淡的水如何凝聚成生命的湖泊。镜海、长海、珍珠滩……每一个湖泊都是那样清澄透明、纤尘不染，让人如同看到教堂里洗礼用的圣洁露水，如同听到教堂里管风琴演奏的圣母颂，让人懂得并真真地看到人世间居然有纯洁透彻的净，就在这里远避尘嚣而静静地存在。

那水几乎一动不动，任外面的世界如何纷繁变幻，将污染、噪音连同人心泛起的种种污浊的泡沫一起抛向天空和大地，它独自坚持着自己的贞操，不动丝毫涟漪，不染丝毫尘俗，将水底的虬枝沉木、水藻水锦，将天上的薄云丽日、山岚清风，将身旁的雪峰幽谷、古树老藤……一一映在自己的怀中，映得那么明净、幽深、清洌。因为它的洗涤，所有这一切，都显得比本身还要清纯与洁净，如同脱胎换骨一般，玉洁冰清，重塑了自己一番。尘世沾惹的市俗庸俗、风骚矫情、浪声虚名、欲火利海……起码不敢在这里抖擞，而被这水洗却大半。

九寨沟看水，看的是水如何从人间流向天上，如何从现实流向童话，如何将自己化为一种启迪人类、净化心灵的艺术。九寨沟的水，是一种出世的艺术的水。

看都江堰和九寨沟的水，给人以完全不同的感觉。在现实中找不准自己的位置，便会蹉跎生命；沉湎现实而背弃心灵、抛掷精神、亵渎纯洁，不懂得一点点现实永远不会给予而只有艺术才能焕发和唤回的浪漫与童话的情怀，便会麻木了生命而只剩下一个蝉蜕一样的空壳。心，因缺少水的滋润，会成为一片荒芜的沙漠。

在现实与艺术之间，在物质与精神之间，人总是矛盾着、跌撞着，顾此失彼而永远找不到连接两者之间的直线或弧线。大概这正是人类永远苦恼困惑的原因。而都江堰和九寨沟的水，分别给予人类一面镜子。

谁也无法离开水，纵使我们可以离开摩天大楼、豪华别墅，可以放弃汽车电话、电视电影，抛下各种欲望，我们无法离开水。只是要看我们需要的究竟是哪一种水。我们选择着水，水也在选择着我们。

九寨沟和都江堰是水之经典。

是什么把水弄脏

楠溪江是一条美丽的江，它流自浙江永嘉县内。由于没有一点工业污染，楠溪江清澈透明，一眼能望得见水底的鹅卵石和游动的小鱼，干净得让人直觉得这水只有来自天国，才能这样的圣洁，不染一丝芥蒂。古代山水诗人谢灵运当过永嘉县的太守，曾经专门咏叹过这条江，说是"云日相辉映，空水共澄鲜"。其实，真正到了这条江边走一走，诗人咏叹得并不如楠溪江自身美。大概，那时候这样没有被污染的江水太多，没有引起谢灵运特别的惊奇。如果谢灵运活到现在，他会格外珍惜这条楠溪江的美丽了，绝不会仅仅留下这样的诗句。三百里楠溪江就这样从山间清清地蜿蜒逶迤流淌下来，水作青罗带，山作碧玉簪，两岸的滩林长发婆娑，摇曳生姿，处处可入诗入画。说楠溪江水弹响一曲不带一点杂音的天籁之音，并不为过，实在是因为像这样没有被污染的江水如今太少了。楠溪江流到中游，路过一个叫作丽水古村的时候，有一小支溪水打了一个弯儿，顺着这个古村绕了一圈，滋润着这个古村绵延生存至今。丽水，是南宋留下的古村落，听这个名字就让人能想象它的美丽，并想象得出它的美丽是和这条楠溪江联系在一起的。楠溪江留下一支水在这里，特意为古村系了一个漂亮的蝴蝶结。顺着楠溪江从上游漂流下来的时候，我对丽水充满了诗意的想象。想象它有绕村而流的清澈溪水，溪上有南宋末年的石板古桥，水旁有几人合抱的百年古樟和古色古香的路亭，还有那建于清代完全用鹅卵石子砌就的古街……那该是一幅多么美丽的风情画。

可是，我到了那儿真正一看，失望透顶。溪水还是如南宋之前悠悠岁月中一样在轻轻地流淌，但溪水已没有那时的清澈不说，而且污染得不在北京故宫前的筒子河之下。到处是洗衣服留下的泡沫，是塑料袋、菜叶和已经被泡得臃肿说不上名字的废弃物，脏兮兮的，浑浊不堪，像是一张没有办法洗干净的脸。那些古桥、古樟、古亭和古街也没有了色彩，它们只能愁容惨淡地望着这条溪水，如我一样无可奈何。为什么一条那样清澈的楠溪江，流经这里就一下子变了颜色？是什么把那么干净的溪水弄脏？我不能责备居住在这个古村的人们，如果是我居住在这里，我也会和他们一样。生存是第一位的，贫穷的人们为了生存要用这条溪水饮用、做饭、洗衣和泥盖房……一次次的淘洗，一次次经过人们的手，一代代的周而复始，没有任何保护措施，只是像使用一头老牛一样毫无顾忌地使用它，再干净的水也逃脱不了被污染的命运。我曾经对永嘉县的县政府官员说，能不能将丽水古村专门保留下来，而让村里的人们迁走？这样就可以保存溪水和溪水两旁古村落的干净了，让丽水古村名副其实。他们苦笑，这方法再弱智也想得出来，可得要钱啊！

从本质来说，人是大自然的天敌。或者说，人保护大自然永远没有破坏大自然来得更快更有力。也可以这样说，对于大自然，人的污染，比工业的污染更难根治。这样一条美丽的楠溪江，本来是这样的天籁自然、清白透彻、无忧无虑、风情万种地流来，它完全也可以就这样地干干净净地流下去，但它要牢记住这一点：要远远地离开人——那些不懂得保护它、珍爱它的人。

【写作提示】

一个景怎么写(二)

——对比法

如果想别开蹊径，可带来另一处景，与之对比来写，这是另一种做法，同学们可以试一试。这种方法的好处，在于把景一分为二，等于开阔了你的视野，扩大了你作文的场地，便于你施展拳脚，而且，还可以避免就一处景说一处景的单调，解决有些同学常常出现的觉得说着说着就无话可说的困惑。

我写《杜鹃 杜鹃》，是去了九嶷山之后。那里的杜鹃非常有名，漫山遍野地开放，也非常有气势，同时因为舜帝与娥皇女英的古老传说而增添它的悠悠古韵。一般同学，容易就这样一路写下来，看，此地杜鹃花开的气势、名气和传说，三个段落，统统围绕着杜鹃，既突出了中心，又有分明的层次感，不是非常好的写法吗？只是，我觉得这样写，可能会写得比较顺，但很容易与别人写的雷同。因为这三个层次，我看到了，别人也会看到的。都这样轻车熟路去写，便造成文章的千篇一律。

于是，我拉来了另一处景——云南香格里拉碧塔海的杜鹃。之所以拉来它，是因为两者之间既有相同之处，又有不同之处。文章因有了这样的对比，就好做了一些，因为比较两者的同与不同，就会更有话说。而且，这样的话，是属于你自己比较中的发现与感悟，和别人不会雷同。

具体来看，同九嶷山的杜鹃相同的，是这一处的杜鹃一样的有名，一样开放得有气势；不同的，是这一处的杜鹃没有九嶷山的古老传说，但它有一点又恰恰是九嶷山的杜鹃所没有的，那便是它的"杜鹃醉鱼"，这一点的不同，就成为文章的重点，重点描写这一大自然的壮观景象"杜鹃醉鱼"，和九嶷山在传说衬托下那满山红白杜鹃怒放的交响那样大自然壮观的对比，便让文章有了彼此的对比和相互贯穿的气息，有了和别人稍稍不一样的底气。

有了对比，像有了一个靶位，文章就有了准星，集中而好写一些。这样的写法，可以使得文章新颖一些，避免写景文章中常常会出现的那种词汇堆砌的毛病。

第 4 堂课

状物抒情

那片绿绿的爬山虎

1963年，我上初三，写了一篇作文叫《一张画像》，经我的语文老师推荐，在北京市少年儿童征文比赛中获了奖。

一天，语文老师拿着一个厚厚的大本子对我说："你的作文要印成书了，你知道是谁替你修改的吗？"我睁大了眼睛，有些莫名其妙。"是叶圣陶先生！"老师将那大本子递给我，又说："你看看叶老先生修改得多么仔细，你可以从中学到不少东西。"

我打开本子一看，里面有这次征文比赛获奖的20篇作文。翻到我的那篇作文，我一下子愣住了：映入眼帘的是红色的修改符号和改动后增添的小字，密密麻麻，几页纸上到处是红色的圈、钩或直线、曲线。

回到家，我仔细看了几遍叶老先生对我作文的修改。题目《一张画像》改成《一幅画像》，我立刻感到用字的准确性。类似这样的修改很多，长句断成短句的地方也不少。有一处，我记得十分清楚："怎么你把包几何课本的书皮去掉了呢？"叶老先生改成："怎么你把几何课本的包书纸去掉了呢？"删掉原句中"包"这个动词，使得句子干净了也规范了。而且"书皮"改成"包书纸"更确切，因为书皮可以认为是书的封面。我虽然未见叶老先生的面，却从他的批改中感受到他的认真、平和以及温暖，如春风拂面。

叶老先生在我的作文后面写了一则简短的评语：这一篇作文写的全是具体事实，从具体事实中透露出对王老师的敬爱。肖复兴同学如果没有在这几件有关画画的事上深受感动，就不能写得这样亲切自然。这则短短的评语，树立了我写作的信心。

这一年暑假，语文老师找到我，说："叶圣陶先生要请你到他家做客。"我感到意外。像叶圣陶先生那样的大作家，居然要见一个初中生！

那天下午，天气很好。我来到叶老先生住的四合院。刚进里院，一墙绿葱葱的爬山虎扑入眼帘。夏日的燥热仿佛一下子减少了许多，阳光都变成绿色的，像温柔的小精灵一样在上面跳跃着，闪烁着迷离的光点。

叶老先生见了我，像会见大人一样同我握了握手，一下了让我觉得距离缩短不少。

我们的交谈很融洽，仿佛我不是小孩，而是大人，一个他的老朋友。他亲切之中蕴含的认真，质朴之中包含的期待，把我小小的心融化了，以至不知黄昏的到来。落日的余晖染红窗棂，院里那一墙的爬山虎，绿得沉郁，如同一片浓浓的湖水，映在客厅的玻璃窗上，不停地摇曳着，显得虎虎有生气。

我非常庆幸，自己第一次见到作家，竟是这样一位人品与作品都堪称楷模的大作家。他跟我的谈话，让我好像知道了或者模模糊糊懂得了：作家就是这样做的，作家的作品就是这么写的。我15岁时的那个夏天意义非凡。在我的眼前，那片爬山虎总是那么绿着。

佛手之香

　　那个星期天，我在潘家园旧货市场外面的街上，买了一个佛手。那时，这条街和市场里面一样的热闹，摆满了小摊，其中一个小摊卖的就是佛手。卖货的是个山东妇女，十几个大小不一有青有黄的佛手，浑身疙疙瘩瘩的，躺在她脚前的一个竹篮里，百无聊赖的样子，像伸出来长短不一粗细不均的枝杈来勾引人们的注意。很多人不认识这玩意儿，路过这里都问问这是什么呀，这么难看？扭头就走了，没有人买。我买了一个黄中带绿的大佛手，她很高兴，便宜了我两块钱，说我是大老远从山东带来的，谁知道你们北京人不认！

　　这东西好长时间没有在北京卖了。记得上一次见到它，起码是四十多年前了。那时，我还在读中学，是春节前，在街上买回一个，个头儿没有这个大，但小巧玲珑，长得比这个秀气。那时，父母都还健在，把它放在柜子上，像供奉小小的一尊佛，满屋飘香。

　　我不知道佛手能不能称之为水果？它可以吃，记得那时我偷偷掐下它的一小角，皮的味道像橘子皮，肉没有橘子好吃，发酸发苦，很涩。那时，我查过词典，说它是枸橼的变种，初夏时开上白下紫两种颜色的小花，冬天结，但果实变形，像是过于饱满炸开了，裂成如今这般模样。它的用途很多，可以入药，可以泡酒，也可以做成蜜饯。那时我买的那个佛手没有摆到过年，就被父亲泡酒了，母亲一再埋怨父亲，说是摆到过年，多喜兴呀。

　　以后，我在唐花坞和植物园里看到过佛手，但都是盆栽的，很袖珍，只是看花一样赏景的。插队北大荒时，每次回北京探亲结束都要去六必居买咸菜带走，好度过北大荒没有青菜的漫长冬春两季，在六必居我见过腌制的佛手，不过，已经切成片，变成了酱黄色，看不出一点儿佛指如仙的样子了。

　　我们中国人很会给水果起名字，我以为起得最好的便是佛手了，它不仅最象形，而且最具有超尘拔俗的境界。它伸出的权权，确实像佛手，只有佛的手指才会这样如兰花瓣宛转修长，曲折中有这样的韵致。敦煌壁画中那些端坐于莲花座上和飞入于彩云间的各式佛的手指，果真和它几分相似。前不久看到了残疾人艺术团表演的千手观音，那伸展自如风姿绰约的金色手指，确实能够让人把它们和佛手联系一起。我买的这个佛手，回家后细细数了数，一共二十四支手指。我不知道一般佛手长多少佛指，我猜想，二十四支，除了和千手观音比，它应该不算少了。

　　我把它放在卧室里，没有想到它会如此的香。特别是它身上的绿色完全变黄的时候，香味弥漫了整个卧室，甚至长上了翅膀似的，飞出我的卧室，每当我从外面回来，刚刚打开房间的门，香味就像家里有条宠物狗扑了过来一样，毛茸茸的感觉，萦绕在身旁。我相信世界上所有的水果都没有它这种独特的香味。在水果里，只有菲律宾的菠萝才可以和它相比，但那种菠萝香味清新倒是清新，没有它的浓郁；有的水果，倒是很浓郁，比如榴莲，却有些浓郁得刺鼻。它的香味，真的是少一分则欠缺，多一分则过了界，拿捏得那样恰到好处，仿佛妙手天成，是上天的赐予，称它为佛手，确为得天独厚，别无二致，只有天国境界，才会有如此如梵乐清音一般的香味。西方是将亨德尔宗教色彩浓郁的清唱剧《弥赛亚》中那段清澈透明、高蹈如云的《哈利路亚》，视为天国的国歌的，我想我们东方可以把佛手之香，称之为天国之香的。这样说，也许并非没有道理，过去文字中常见珠玉成诗，兰露滋香；我想，香与花的供奉是佛教的一种虔诚的仪式，那种仪式中所供奉的香所散发的香味，大概就是这样的吧？《金刚经》里所说的处处花香散处的香味大概也就是这样的吧？

它的香味那样持久，也是我始料未及。一个多月过去了，房间里还是香飘不断，可以说没有一朵花的香味能够存留得如此长久，越是花香浓郁的花，凋零得越快，香味便也随之玉殒色残了。它却还像当初一样，依旧香如故。但看看它的皮，已经从青绿到鹅黄到柠檬黄到芥末黄到土黄，到如今黄中带黑的斑斑点点了，而且，它的皮已经发干发皱，萎缩了，像是瘦筋筋的，只剩下了皮包骨。想想刚买回它时那丰满妖娆的样子，我感到的却不是美人迟暮的感觉，而是和日子一起变老的沧桑。

它已经老了，却还是把香味散发给我，虽然没有最初那样浓郁了，依然那样的清新沁人。那一刻，我忽然觉得它老得像母亲。是的，我想起了母亲，四十多年前，我第一次见到佛手的时候，母亲还不老。

青木瓜之味

　　大约是四年前初春的一个星期天下午，我去邮局发信。邮局离我家不远，过了马路，走一二分钟就到了。就在要到邮局的时候，一个年轻的女子和我擦肩而过。忽然，她停住脚步，回头看了我一眼，那眼神很亲近，也有些意外的惊奇，仿佛认出了一个熟人而与之意外相逢。那眼神闹得我以为真碰见了什么熟人，便也禁不住停住脚步，看了她一眼：年龄不大，也就二十出头，模样清爽，中等身材，瘦瘦的。看她的装扮，初春时节还穿着一件臃肿的棉衣，就猜得出是一个外地人，大概是打工妹。我仔细地想了想，从来没有见过这么个人，她肯定是认错人了。于是，我暗笑自己的自作多情，向邮局走去。

　　我走了没几步，她从后面跑了过来，跑到我的面前。这让我很吃惊，不知碰见了什么人。只听见她用南方人那种绵软的声音仔细而小心翼翼地问我："你是不是肖复兴老师？"我越发惊讶，她居然叫出了我的名字，木讷地站在那里，近乎机械地点了点头。

　　她一下子显得很兴奋，接着说："刚才你迎面向我走来，我看着你就像。我读中学的时候就看过你写的书，你和书上的照片很像。真没有想到怎么这么巧，今天在这里遇见了你！"

　　原来是一位读者，大概她这番热情的话，很能够满足我的虚荣心，尤其是听她说她喜欢我写的一些东西，特别是说她读中学的时候读我写的东西对她有帮助，一直忘不了……我就像小学生爱听表扬似的，立刻有些发晕，找不着北了，站在街头和她聊了起来，一任身边车水马龙，喧嚣不已。

从她那话语中，我渐渐地听明白了，她从小在南方农村长大，中学毕业，她没有考上大学，家里生活困难，就跟着乡亲来到了北京打工。她住的地方离我家不算太远，要走半个小时左右，今天星期天休息，她是刚刚到邮局给家里寄钱，并发一封平安家信。虽是萍水相逢，只是些家常话，却让我感到她是在掏心窝子，一下子竟有些感动，没有想到只是写了一些平常的东西，却能够让心拉近，距离缩短，心里想也应该说是如今没有什么用处的文学的一点特殊功能吧。于是，我进一步犯晕，沿着斜坡继续顺溜下滑，不知对她的热情如何回报似的，竟然指着对面我家住的楼对她说："我家就住在那里，你有空，欢迎你到我家做客。"说着把地址写给了她。她高兴地说："太好了，我一定去。"

回到家后，我就把这件意外相逢的事情当作喜帖子，向家里的人讲了，不想立刻遭到全家一盆冷水浇头，纷纷说我："你以为你遇到知己呢，别是个骗子吧？""可不是，现在骗子可多着呢。你可别忘了狐狸说几句赞扬的话，是为了骗乌鸦嘴里的肉。""什么？你把咱家的地址告诉人家了？你傻不傻呀，你就等着人家上门找你头上来骗你吧！""要真是找上门来，骗几个钱倒没什么，可别出别的事。"

一下子，说得我发懵，一再回忆街头和那个年轻女子的相遇和交谈，不像是个狐狸似的骗子啊。再说，她肯定是读过我写的书，要不也说不出书名，并且能够对照着书上的照片认出我来呀。但家里的人说得也没有错，谁也不会把骗子两个字写在脑门上，高明的骗子现在越来越多，防不胜防。这么一想，心里连连后悔，而且不禁有些发虚，嘲笑自己如此可笑，禁不住两碗迷魂汤一灌，就如此容易轻信上当，真是百无一用是书生。一连多天，都有些提心吊胆，怕房门真被敲响，开门一看，是这个年轻的女子登门拜访，后果不可收拾，不堪设想。

好在一连几天过去了，都平安无事。

时间一长，这件事情渐渐淡忘了，偶尔提起，被家人当作笑话嘲笑我一番。我心里想，即使不是骗子，只是街头的一次巧遇或萍水相逢，被人家两句过年话一说就信以为真，即使人家不骗你，没准还怕你骗人家呢。

将近一年过去了，春节过后，我们全家从天津孩子的姥姥家过完年回家，刚上电梯，开电梯的老太太对我说："你先等我一会儿，前两天有人来找你，你没在家，把带来的东西放在我这里了。"开电梯的老太太是个热心人，住在楼里的人要是不在家，来人送的信件、报纸或其他的东西，都放在她这里。她家就住在楼下，不一会儿，就拿来一包用废纸包着的东西。回家打开一看，是两个青青的木瓜。木瓜的旁边有一张小纸条，上面写着两行字，大概意思是：你还记得吗？我就是那天在邮局前和你相遇的人。我一直想来看你，工作太忙了，一直没时间。我过年回家带给你两个木瓜，是我家自己种的，只是一点心意，祝你写出更多更好的作品。下面没有写下她的名字，只是写着：一个你的读者。

全家都愣在那里，谁都说不出一句话来。

我永远也不会忘记这个年轻而真诚的女子，不会忘记这件事情，不会忘记这两个木瓜。总记得切开木瓜时的样子，别看皮那样青，里面却是红红的，格外鲜艳，特别是那独有的清香味道，在房间里飘荡着，好多天没散去。

母亲的画

我是先认识谢妈妈的女儿，后认识谢妈妈的。那天傍晚在所住小区散步的时候，老远看见她一家三口也在散步，碰面听她女儿介绍才知道，那天谢妈妈和她老伴儿刚从国内飞来，没有什么长途疲惫的样子，显得很兴奋。

谢妈妈应该兴奋，因为女儿刚刚买了一幢别墅，巧得很，房子的钥匙也在这同一天拿到手。谢妈妈和老伴儿这次来，是要帮助女儿收拾房子搬家的。

以后一连一个多星期，谢妈妈和老伴儿帮助女儿买地板、买割草机、刷墙、装箱打包，忙得不亦乐乎。只有在晚饭之后，我才能看见他们老两口得以休息，和我说说别墅的事情。累是累点儿，高兴的心情还是溢于言表。女儿年近四十，来美国打拼多年，终于买了别墅，而且邻近普林斯顿，风光优美，有阔大的花园，还有两株老梨树和一株白玉兰。谢妈妈没来前，国内认识她的人都替她高兴。女儿一直没有孩子，这个别墅像全家的孩子一样招人喜爱。

谢妈妈是江苏人，今年65岁，退休整整十年，上了十年的业余大学，学习画画，为的就是打发退休后寂寞的时光。因为她只有女儿这么一个孩子，还远在国外，见一面很难，画画占据了她的时间和心思，分散一些对女儿的思念。十年来，她的水彩画画得进步飞快，颇得老师的赞赏，还被选出几幅参加画展。这次来美国之前，她精心画了好多幅画，全部都是江南水乡，小桥流水，黑瓦白墙。家乡的风景，总会牵动女儿的心，看到了这些画，细雨梦回，就能够想起家乡和她这个老母亲。

我参观过谢妈妈带来的这些画，全部装裱成框，一共六幅。又是镜框，又是玻璃，她不敢托运，都是双手抱着，坐飞机一路带来的，只有母亲才能够做得到。她还特意让我看了看没有装裱的几幅画，是备用的，说如果女儿或女婿不喜欢装裱好的，可以换这些画。也只有做母亲的才有这样的细心。

我问她为什么是六幅，是图个六六顺的古祥数字吗？她笑着告诉我：四个卧室，两个客厅，我算好了，一个房间挂一幅。

搬家的那一天，虽然累得够呛，却掩饰不住喜悦，她对我说：哪天到我家里来玩啊！

谢妈妈错就错在把这幢新买的别墅当成自己的家了。其实，说它是女儿的家都不准确，它应该是女儿和女婿的家。虽然她是女儿的妈妈，来到这里却只是客人。

一个多月之后，谢妈妈的女儿邀请我和其他一些朋友到她的别墅做客，庆祝乔迁之喜。是个星期天，我有一个多月没有见到谢妈妈了，看见她一下子憔悴了许多，忙问是不是搬家收拾得太累了？她摇摇头，悄悄地把我拉到她住的房间里，那六幅水彩画一溜儿摆在地上，靠在墙头，仿佛地摊上卖画似的。没等我说话，她先说道：你说气人不气人？我那个女婿指着这些画对我说，这房子有我出的一半的钱，你要是想挂这些画，一定要征得我的同意！我问：你女儿怎么说？她更生气地对我说：女儿？她站在旁边一声不吭。

我不知该如何劝慰这位母亲。也许，是谢妈妈太一厢情愿，而今两代人的观念和感情却发生了变化。但心里想，这六幅画画得正经不错呢，我到过附近一个叫"New Hope"的地方，那里集中不少美国画家的画廊，卖的画并不比谢妈妈的强多少。即使这六幅画画得不好，也是你母亲的一番心意，千里扛猪槽——为（喂）的不是你们？退一步讲，就算你们有你们自己的布置房间的打算，哪怕先把画挂上，等母亲走后再摘下来也好啊，起码先哄哄母亲高兴不行吗？

那天晚上临走时，谢妈妈送我走出来，悄悄地对我说：还有不到一个月我就回去了，我想好了，临回去之前，把这些画都撕了！我忙劝她：人家《红楼梦》里晴雯撕扇，您撕画，跟孩子生那么大气呀？她说：总不能让我把画再背回去吧，多没面子！

如今，谢妈妈已经回国了。我没敢问那些画是怎么处理的。

【写作提示】

一个物怎么写（一）
——物和人的关系

　　状物，是自古以来写作的一个项目，写物的文章不胜枚举，贾平凹的《丑石》、韩少功的《蠹树》，可做同学们写物的范本来学习。状物，如同绘画中的素描一样，是初学写作的基本功。

　　状物，物是笔墨的落点，却不是写作的目的。以前常说的一句话是"状物抒情"，说的是情在物中的位置和作用。其实，抒情也并不是状物的唯一目的。状物，在我看来，还是要从物中写出一个人或一群人甚至一代人、一个民族的性情来。所以，古时屈原最愿意以香花美草来喻人喻己。物便是自然界人的化身。

　　明白了状物的这一个根本性的目的，写之前就会知道，状物之前的观察物，需要细致，观察到别人没有发现的细微而独特的部分，是必要的；却不仅仅只从物本身出发，而要联系观物者自己的真心情和真性情，观物就是观自己，物是人的一面镜子；状物便能够沿着物与人共同的情感和性格走向，抵达文章的目的地。

　　鲁迅先生的《风筝》，在状物风筝的时候，融入了自己真切的感情。鲁迅笔下的风筝这一物，比实际生活中天上飘飞的风筝本身，其形象与意义更为丰富，这是值得我们学习的一个范本。

　　以《佛手之香》为例，如何具体描写佛手，并不难，只要将你观察到的联想到的写出来就是。难的是对佛手具体描写之后，落点在哪里？

所谓古人说状物抒情的"情"在哪里？所说的言外之意的"意"义在哪里？只是写佛手的好看好吃好玩，这样的美物如今已经少见了，然后感慨几句美最易于流失，再抒发我们对它以及一切美好的事物应该更加珍爱之情就够了吗？这成为我落笔之前最需要思考的问题。显然，我不满足于这样对佛手的认知与表达。

这篇文章写了两部分内容，前半部分写佛手之事，后半部分写佛手之香。

如果只是如现在文章前半部分所写的那样，写买佛手，写佛手奇特的样子，写佛手的相关知识，写以前第一次买佛手回家的情景，写曾经和佛手亲密接触的经历……那文章会很平常，流于一般化。即便在具体写佛手的时候，写了敦煌壁画中端坐于莲花座上和飞天于彩云间的各式佛的手指，写了残疾人艺术团表演的千手观音舞蹈中的金色手指，充其量只是运用了联想的方法而已，只是佛手的延伸和扩容。

这些带有叙事性的描写都是需要的，它会让人觉得你并不是刻意描写佛手，而是像聊家常一样，让人感到佛手和人的亲近和亲切，佛手和人是合而为一的。但是，这样的叙述还有一个重要的目的，便是把文章的主旨隐藏起来。在这里，把最重要的部分，像肉埋在饭里一样，埋在这样平易的叙述中，不显山显水，等着文章最后的呼应。

文章的后半部分，点落在了题目"佛手之香"的香味上面。这是一般以点带面的写法，是对佛手进一步深入的写法。

但是，如果只是写了其具体而独特的香味，用了宠物狗瞬间扑将过来的比喻，用了菠萝和榴莲的对比，用了亨德尔的音乐和《金刚经》的联想，然后，到此为止的话，只能说是把佛手之香写得比较生动和丰富，却依然没有跳出就事说事的框框。

但是，这些具体描写佛手之香的文字，还是非常需要的，只是它还不是文章的终点，它只是为了抵达终点必要的过渡和铺垫。紧接着，我写了佛手香味渐渐变淡，而它的皮肉渐渐沧桑变老的一大段。这一大段，至关重要。这是亲身的感受。我发现，佛手真的和人一样，有自己的从幼到老的生命过程。这个过程在我的眼前经历，让我感慨，让我对佛手有了切肤的感情。这样的感情和感慨，把文章引向深入的一层。于是，有了最后一段，由佛手变老还是把香味散发给我，让我想起了年老的母亲。同时，和前面第一次买佛手回家呼应，"四十多年前，我第一次见到佛手的时候，母亲还不老"。

　　在这里，老与不老，既是母亲也是佛手的对应和呼应，是物的生命对人的生命的对应和呼应。佛手便不再只是佛手，母亲也不再只是母亲。所谓看山不是山，看水不是水，才是状物的最高境界。

火车的敬礼

火车司机看见了，拉响了汽笛，那是司机的敬礼，也是火车的敬礼。

40多年前，我在北大荒插队，常在县城边的福利屯火车站坐车。那时，到佳木斯只有一班火车，无论回京探亲，还是去哈尔滨办事，必要坐这一班车到佳木斯倒车。车开出一个来小时，车头总要响起一阵嘹亮的汽笛声。起初，我没怎么在意，以为前面有路口或是会车而必需的鸣笛。后来，我发现并没有任何情况，列车在一马平川的原野上奔驰。为什么总是在这时候鸣笛？

有一次，我把这个疑问抛给了正给我验票的一个女列车员。她一听就笑了，反问我："你刚才没看见外面的一片白桦林吗？"我看见了，白桦林前还有一泓透明的湖泊。难道就是为了这个而鸣笛？年轻的女列车员点头说："就为了这个，我们的司机师傅就喜欢这片白桦林。"

下一次，经过这片白桦林时，透过车窗，我特意看了一下，发现是很漂亮的风景，白桦林的倒影映在湖水中，拉长了影子，更加亭亭玉立。火车经过这里不过半分多钟，一闪而过，以前没怎么仔细看。车头正响起嘹亮的汽笛声，缭绕的白烟拂过，在那个落日熔金的黄昏，定格为一幅美丽的油画。在那个美被摧残的年代，这个我从未见过面的司机师傅还保存这样一颗善感的心，让我很难忘怀。

今年高考北京的作文题给的材料是，一位巡道员，为了保障火车行车的安全，一个人每天要在深山里走20多里，每逢火车经过时他都要向火车举手敬礼，火车也要回敬他，拉响汽笛。看到这个题，我便立刻想到了40多年前的往事，想起那位同样拉响汽笛的司机师傅。不同的是，一个是为了一位坚守岗位的巡道员，一个是为了一片白桦林。

其实，无论巡道员，还是白桦林，都是平凡的生命，常常被我们错过，或者忽略掉。错过、忽略掉的原因，当然是飞驰的火车经过他们的时候，都只是一闪之间，让我们有时候来不及看就与之擦肩而过。但是，更多的时候，是我们自己的眼睛，不是近视得只关注自己，就是远视得只看见虚幻的未来，便常常对这样的平凡的生命熟视无睹，便看不到平凡中那一层难得的美。火车司机看见了，拉响了汽笛，那是司机的敬礼，也是火车的敬礼。敬礼，不仅有了画面，也有了音乐一般的回声。

白桦林

我见过的白桦林不多，以前只在北大荒我们的农场和852农场见过。我们农场那片白桦林靠近七星河边，852农场那片白桦林就在场部的边上，当初大概就是因为有这样一片漂亮的白桦林，才会择地而栖将场部建在那里吧？在所有的树木中，白桦和白杨长得有些相像，但只要看白桦的树干亭亭玉立，树皮雪白如玉，一下子就把白杨比了下去。尤其是浩浩荡荡的白桦连成了一片林子，尤其是这两处白桦林都有几百年的历史，那种天然野性的气势更是白杨和其他树难比的。白桦林让人想起青春，想起少女，想起肃穆沉思的力量和寥廓霜天的境界。

在新疆，钻天的白杨到处可见，但白桦很少。所以，当到达阿勒泰，朋友说带我们看他们这里的桦林公园，我有些吃惊。但真正见到之后，第二天到哈纳斯湖旁看见白桦林，并没有一点惊奇。不是它们不美，是它们都无法和我在北大荒见过的白桦林相比。这里的白桦林大多长得有些矮，树干有些细，树冠又有些披头散发，没有北大荒的白桦林那样高耸入云，那种铺铺展展的野性和那股苗条秀气的劲头都弱了几分。特别是树皮也没有北大荒的白，而且多了许多如白杨一样的疤痕，皮肤一下子粗糙了许多。加之枝条散落，压低了树干，便更少了白桦林应有的那种洁白如云的气势。

想起北大荒的白桦林，总会想起秋天白桦的叶子一片金黄灿灿，像是把阳光都融化进自己的每一片叶子里似的。雪白的树干在一片金黄的对比中便显得越发美丽。到了大雪封林的时分，雪没了树干老深，像是高挑而秀气的一条条美腿穿上了雪白的高筒靴，洁白的树干静静的，在雪花的映衬下显得相得益彰、仪态万千。开春，是我们最爱到白桦林去的季节，那时用小刀割开白桦林的树皮，会从里面滴下来白桦的汁液，露珠一样格外清凉、清新。什么时候林子里去，都能见到斑驳脱落的白桦树皮，纸一样的薄，但韧性很强，而且雪一样的白，用它们来做过年的贺卡最别致。只是那时我们谁也没想到。

后来看普列什文的《林中水滴》，他描写雪中的白桦林时忍不住问："它们为什么不说话？是见到我害羞吗？"雪花落了下来，才仿佛听见簌簌声，似乎是它们奇异的身影在喁喁私语——便想起北大荒的白桦林。

并不是因为青春时节在北大荒，便对那里的一切涂抹上人为诗话的色彩。确实那里的白桦林与众不同。我们那时的生活是苦楚而苍白的，但自然界却有意和我们作对比似的，那白桦林是那样的清新夺目，让我们感受到在艰辛之中诗意的生存并没有完全离我们远去。

有些树木是难以入画的，尤其是油画。列维坦曾经画过一幅《白桦丛》的油画，画得很美，但不是北大荒的白桦林，是阿勒泰和哈纳斯的白桦林。因为画的枝干瘦小、枝叶低垂，没有北大荒那种高大、粗壮、枝叶钻天带给我们的野性，和那种树皮雪白的独特带给我们的清纯与回忆。

不知852农场那片白桦林现在怎样了。几年前我们农场七星河畔那片白桦林已经没有了，彻底的没有了。说是为了种地多挣钱，便都砍伐干净。那么大一片漂亮的白桦林。说没有就没有了。

胡杨树

我从来没有见过这样的树。我完全被它惊呆、慑服，为它心潮澎湃而热血沸腾。真的，平淡的生活中，很难有这样的人与事，让我能够如此激动以至血液中腾起炽烈的火焰，更别说司空见惯的被污染的大气层玷污得灰蒙蒙的树了。这样的树却让我精神一振，一下子涌出生命本有的那种铺天卷地摧枯拉朽的力量来。

这便是胡杨树！

这样的树只有在这大漠荒原中，才能够见到。站在清冽而奔腾的塔里木河河畔，纵目眺望南北两岸莽莽苍苍的胡杨林，我的心中感受到一种从未有过的震撼，如同那汹涌的河水冲击着我的心房。

塔里木河两岸各自纵深四十余公里，是胡杨的领地。前后一片绿色，与包围着它的浓重的浑黄做着动人心魄的对比。这一片浓重的颜色波动着，翻涌着，连天铺地，是这里最为醒目的风景线。

真的，只要看见这样的树，其他的树都太孱弱渺小了。都说银杏树古老，一树金黄的小扇子扇着不尽的悠悠古风，能比得上胡杨吗？一亿三千五百万年前，胡杨就生存在这个地球上了。都说松柏苍翠，经风霜不凋如叶针般坚贞不屈，能比得上胡杨吗？胡杨不畏严寒酷暑，不怕风沙干旱，活着不死一千年，死后不倒一千年，倒地不烂又一千年。松柏抵得上它这三千年如此顽强的生命力和宁折不弯、宁死不朽的性格吗？更不要说纤纤如丝摇弯了腰肢的杨柳；一抹胭脂红取媚于春风的桃李；

不敢见一片冰冷雪花的柠檬桉；不能离开温柔水乡的老榕树……

胡杨！只有胡杨挺立在塔里木河河畔，四十公里方阵一般，横岭出世，威风凛凛。无风时，它们在阳光下岿然不动，肃穆超然犹如静禅，仪态万千犹如根雕——世上永远难以匹敌的如此巨大苍莽而诡谲的根雕。它们静观世上风云变化，日落日出，将无限心事埋在心底。它们每一棵树都是一首经得住咀嚼和思考的无言诗！

劲风掠过时，它们纷披的枝条抖动着，如同金戈铁马呼啸而来，如同惊涛骇浪翻卷而来。它们狂放不羁在啸叫，它们让世界看到的是男儿心是英雄气是泼墨如云的大手笔，是世上穿戴越来越花哨却越来越难遮掩单薄的人们所久违的一种力量，一种精神！

远处望去，它们显得粗糙，近乎凡·高笔下的矿工速写和罗中立笔下的父亲皱纹斑斑的脸。但它们都苍浑而凝重，遒劲而突兀，每一棵树都犹如从奥林匹亚山擎着火把向你奔来的古希腊男子汉。

走近处看，每一棵树的树皮都皴裂着粗粗大大的口子，那是岁月的标记，是风沙的纪念，如同漂洋过海探险归来的航船，桅杆和风帆上挂满千疮百孔，每一处疤痕都是一枚携风挟雷的奖章。每一棵树的树干都扭曲着，如同剽悍的弓箭手拉开强劲的弓弩，绷开一身赤铜色凸起饱绽的肌肉。每一棵的树枝都旋风般直指天空，如同喷吐出的蛇信，摇曳升腾的绿色火焰。

这样的树，饱经沧桑，参悟人生。它们把最深沉的情感埋在根底，把最坚定的信念写在枝条，把要倾吐的一切付与飞沙走石与日月星辰。这样的树，永远不会和大都市用旋转喷水龙头浇灌的树、豪华宴会厅中被修剪得平整犹如女人刚剪过发的树雷同。

我会永远珍惜并景仰这种树！我摘下几片胡杨树叶带回北京，那是儿子专门嘱咐我带给他的。树叶很小，上面有许多褐色斑点，如同锈的痕迹，比柳树叶还要窄、短，甚至丑陋。但儿子说北京没有这种树。是的，北京没有。

【写作提示】

一个物怎么写（二）
——主题和思想的体现

如何将物尤其是司空见惯的物，写得别致而新颖，同时由此及彼能够让人生发出几分思考来，也就是说，既可看，又可品；既能写得有点意思，又能写得有点意义。是我最近在写这样一类文章时最费琢磨的事情。

这一次来美国，因为是在印第安纳州，这个州是美国一大农业州，所以看到很多田野，在田野里看到很多早已废弃的陈年旧谷仓，非常有意思，是在别处尤其是我们国家很少见到的景物。它们多少年了，就立在那里，没有任何用途，却没有被拆除，成了田野的一笔。我知道写它的有意思的地方在哪里，却不知道写它的意义在哪里。

后来，我在居住的小区里发现居然也有一座这样的旧谷仓，庞然大物，占据了很多的土地。这让我感到非常奇怪，这在我们国家的城市里是绝对见不到的景观，哪里会把一座早就废弃的破旧谷仓，还留在寸土寸金的小区里呢？房产商带着推土机早就把它拆除，盖起商品楼来了。但是，这里的人们没有把它移除，为什么呢？为什么还保留着它，让它占据了那样多可以转换为金钱的使用面积，和人们相安无事，而且还相看两不厌呢？我没有想好，还是没敢轻易动笔。

再后来，我去了一个叫新希望的小镇，看到了一座旧谷仓被改造成了一个剧场，成为当地一个地标式的建筑，并不是以前我以为的，旧谷仓一点用处也没有，只是当成怀旧的一种旧物借此寄托情感。这似乎又不仅仅属于废物利用，这种农村和城市的对接，历史和现代的交织，象征和实用的错位，让我耳目一新，比我以前对谷仓的认知和想象要丰富了许多。但是，我依然没敢下笔。

这样，一个旧谷仓，在田野，在社区，在小镇，让我有了三次的起伏，对它的认知和理解有了层层递进式的进展。之所以没敢下笔的原因，在于我还没有找到能够串联起，或者说是穿透这三次看到不同类型的旧谷仓的东西。也就是说，还缺少画龙点睛的东西。

在这里，我认为主题和思想是一个问题的两个侧面，它们是相互关联的，却又不能简单等同于一回事。主题是属于文章的，是落实在文章中最后的体现；而思想则是属于作者的，是写文章之前的酝酿和思考。这是有前后之别的，不可混为一谈。而且，后者是先于前者，并重于前者的。

因此，穿透文章的思想的过程，其实就是对文章素材认识与理解的过程，是需要一些时间的，就像一锅肉骨头，需要时间的炖煮，才可以熟烂而成为美食，其所散发出来的香味，便是文章的主题。文章主题的最后提炼，是文章思想寻找过程中最后呈现的结果，需要一点耐心，才会在有时候不期而遇，在突然之间迸发出灿烂之花。

这个旧谷仓一直在我的眼前晃，在我的心里动。我非常想写它，但我劝自己沉住气，桃子还没有熟，熟透了，自然就会怦然落地。一直到有一天，我去芝加哥的美术馆，看到美国著名画家查尔斯·希勒的一幅油画，画的就是我已经看过无数的乡间旧谷仓，尤其是看到了画框旁边的白色纸片上印着画作名字中那个"谷仓"的英文字母的时候，心里竟然有些激动，仿佛他乡遇故知，我一直等着的就是这幅油画。这幅油画上的谷仓，和我以前在生活中见到的谷仓，重叠在一起，迸发出了火花。我站在那里，看了许久，一直到美术馆快要关门。我知道，桃子终于熟了，思想不期而至，一下子贯穿并穿透了以前三次我看到不同类型的旧谷仓。我可以动笔了。

希勒的画，让我惊叹并惭愧地看到了，美国人是将物化为了感情和精神，让谷仓成为一种艺术品，表现出的是美国人对谷仓的深厚感情。这就是文章最后写的："任何一个民族，都有属于并寄托自己民族情感的乡间物品，就像荷兰的风车，就像我们水边的石磨和屋檐下垂挂的蒜辫或红辣椒。"

我们初学写作时需要记住，单纯就物写物，永远不会写好，因为这样的写法只会将我们自己的心一并物化。如果人为地替物先设置主题，也很难写好，因为我们没有真正从物中发现和人相呼应的东西，或者发现了却没有化为鲜活的思想，穿透我们要写的物，物便还是死的，没有真正地活起来。

第 5 堂课

触动自己的心灵

生命的平衡

不知道你相信不相信，无论什么样的生命，在短促或漫长的人生中都需要平衡，并且都会在最终得到平衡。

漂亮的白雪公主自然有其漂亮面庞的如意，却也有后母的嫉妒、被追杀以及毒梳子和毒苹果等等的不如意；不漂亮的灰姑娘自然有其悲惨的种种命运，却也有其终成正果的美好回报。眼睛瞎了，意大利的安德烈·波切里却成为了著名的盲人歌唱家；腿残疾了，爱尔兰的克里斯蒂·布朗却用唯一能够活动的左脚敲打键盘，成为著名的作家。个子高的，如姚明，自然成就了他的事业，他可以到美国的NBA去打篮球，风光无限；个子矮的，就一定不如个子高的吗？如拿破仑，按现在的标准大概得是二级残废了，但却不妨碍他成为盖世的英雄。

这就像伊索寓言里所讲的：高高的长颈鹿吃得着高高树枝头上的叶子，却没办法走进矮小的门；矮矮的山羊吃不着高高树枝头上的叶子，却轻而易举地走进了矮小的门。

懂得了生命中的这一点意义，让我们充分去体味到生命其实是一条流淌的河，乱石穿空，惊涛拍岸，卷起千堆雪，是生命中的一种情景；潮平两岸阔，风正一帆悬，也是生命的一种情景；一条河在流淌的过程中，不可能总是前一种风景，也不可能总是后一种风景，它要在总体流量的平衡中才会向前流淌，一直流入大江大海。

那年我去土耳其，遇见当今被称之为土耳其首富的萨班哲先生。凡是有蓝底白字SA字母牌子的地方，都是他家的产业。在土耳其，SA的标志，触目皆是；萨班哲的名字，家喻户晓。如此富有的人，却也有命运不济的地方，他的两个孩子，一个儿子，一个女儿，都是残疾弱智。命运，就是和他这样开着残酷的玩笑。他却以为这其实就是生命给予他的一种平衡，而不去怨天尤人。他用他的钱在伊斯坦布尔修建了一座残疾人的公园，公园里所有的器械都是为残疾人专门设计的。他希望以自己能够做到的事情来平衡更多残疾人不如意的生活，从而使自己不如意的生活达到新的平衡。

我们去参观以他的名字命名的萨班哲博物馆。在这座博物馆里，最有趣的是一间陈列室里，挂满的全部都是萨班哲先生的漫画。是萨班哲先生请来土耳其的漫画家们，让他们怎么丑怎么画，越丑越好，画成了这样满满一屋子的漫画。有时候，他到这里来看一屋子包围着他的、画着他的那一幅幅丑态百出的漫画，他很开心，他在这里找到了在外面被人或鲜花或镜头所簇拥着、恭维着所没有的平衡，他在这里找到了在两个残疾弱智孩子给予他痛苦中所没有的欢乐。

我们能够拥有他这样洒脱的心态吗？我们能够拥有他这样宠辱不惊的自我平衡的力量吗？

如果我们拥有，我们的人生就会和萨班哲先生一样过得充实而愉快。

你还能够感动得流泪吗

有一天，俄罗斯著名的油画家列维坦独自一人到森林里去写生。当他沿着森林走到一座山崖的边上，正是清晨时分。他忽然看到山崖的那一边被初升的太阳照耀出他从来没有见过的一种美丽景色的时候，他站在山崖上感动得泪如雨下。

同样，德国的著名诗人歌德，有一次听到了贝多芬的交响乐，被音乐所感动，以至泪如雨下。另一位俄罗斯的文学家托尔斯泰，听到柴可夫斯基的第一弦乐四重奏第二乐章《如歌的行板》的时候，一样被音乐感动而热泪盈眶。

无论是列维坦为美丽的景色而感动，还是歌德和托尔斯泰为动人的音乐而感动，他们都能够真诚地流下自己的眼泪。如今，我们还能够像他们一样会感动，会流泪吗？

提出这样的问题，是因为我们现在面对世界的一切值得感动的事情，已经变得麻木，变得容易和感动擦肩而过，或根本掉头而去，或司空见惯得熟视无睹而铁石心肠。我们不是不会流泪，而是那眼泪更多是为一己的失去或伤心而流，不是为他人而流。

回答这样的问题，首先要问列维坦、歌德和托尔斯泰，为什么会被仅仅是一种客观的景色、一种偶然的音乐而感动？那是因为他们的心中存有善良而敏感的一隅。感动的本质和核心是善，失去或缺少了内心深处哪怕尚存的一点点善，感动就无从谈起，感动就会如同风中的蒲公英离我们远去。

所以，我说：善是感动深埋在内心的根系，只有内心里有善，才能够长出感动的枝干，因感动而流下的眼泪，只是那枝头上迸发开放出的花朵。

内心里拥有善，才会看见弱小而感动得自觉前去扶助，才会看见贫穷而情不自禁地产生同情，才会看见寒冷而愿意去雪中送炭。善是我们内心最可宝贵的财富，是我们民族历史中最可珍惜的传统，是我们彼此赖以生存和心灵相通的链环。悲欢离合一杯酒，南北东西万里程，沉淀在我们酒液里的和融化在我们脚步中的，都是这样一点一滴撒播和积累下的善，让我们在感动别人的同时，也被别人所感动着，从而形成一泓循环的水流，滋润着我们哪怕苦涩而艰难的日子，帮助我们度过相濡以沫的人生。

在一个商业时代里，有的人迅速发财致富，富得只剩下钱了，可以去花天酒地，一掷千金，却唯独缺少了善，感动自然就无从谈起。欲望在膨胀，善已经被钱蛀空，爱便也就容易移花接木蜕变成了寻花问柳的肉欲，感动自然就容易被感受和性感所替代。虽然，感受和感动只是一字之差，感受却可以包括享受在内一切物质的向往和欲望，感动却是纯粹属于精神范畴的活动。因此，感受是属于感官的，感动是属于心灵的。感受是属于现实主义的，感动是属于浪漫主义的。就不要再拿性感和感动相比了，虽然那也只是一字之差，却早已经是差之千里。

所以，有的人可能自己依旧不富裕，但内心里依然保存着祖传下来的那一份善，将如今已经变得越发珍贵的感动保留在自己的内心，他的内心便是富有的，如一棵大树盛开出满枝的花朵，结出满枝的果实。

在一个商业社会里，貌似花团锦簇的爱很容易被制作成色彩缤纷的各种商品，比如情人节里用金纸包裹的玫瑰或圣诞节时以滚烫语言印制的贺卡，以及电视中将爱夸张成为卿卿我我不离嘴的肥皂剧，有时也会让你感动，那样的感动是虚假的，如同果树上开的谎花儿，是不结果的。而在这样的商业社会里，善是极其容易被忽略和遗忘它存在的重要性和必要性。因为善不那么张扬，不像被涂抹得猩红的嘴唇，抒发出抒情的表白。善总是愿意默默地，如同空气一样，看不见却无时不在你的身旁才对。因此，感动，从来都是朴素的，是默默的，是属于一个人的，你悄悄地流泪，悄悄地擦干。

有时候，善比爱更重要，或者说没有了善便也就没有了爱。设想一下，如果心里稍稍有一点点的善，还会有那么多能够置人于死命的假药、假酒以及地下窝点的鞭炮和小煤窑的瓦斯爆炸吗？更不要说如今遍地都是假冒伪劣其他产品，为了多赚几个钱，连炸油条都要用恶心的地沟油，卖螃蟹也要塞进几只死的。这样的事情越来越多地包围着我们，我们的感动当然就一点点被蚕食了。善没有了，感动也就成了无本之木，那样的荒芜，该是多么可怕的事情。

再说一句，善，一般是和"慈"字连在一起的。慈善，是一种值得敬重的美德。慈善事业，是一种积德的美好事业。慈者，就是爱的意思，古书中说："亲爱利子谓之慈，恻隐怜人谓之慈。"在家者，为之慈母、慈父、慈子；在外者，则为之慈善。我们不可能只待在窄小的家里，我们都需要推开家门走到外面去，我们便都需要为别人播撒爱和善的同时，也需要别人为我们播撒爱和善。爱和善，就是这样紧密地联系在一起，繁衍着人类的生存，绵延着爱的滋润。而真正的感动就是在它们的根系下繁衍不绝的。世界上爱和善越来越多，被我们感动的事情就越来越多。

伟大的音乐家贝多芬曾经说过："没有一个善良的灵魂，就没有美德可言。"没错，善是我们不可或缺的美德，感动就是我们应该具有的天然品质。或许，感动而泪如雨下，显示了我们人类脆弱的一面，却也是我们敏感、善感而不可缺少的品质。我们还能不能够被哪怕一丝微小的事物而感动得流泪，是检验我们心灵品质的一张pH试纸。

两毛钱

　　有时只是举手之劳，就能帮助别人，但我们对好多举手之劳的事情却总是熟视无睹，而不愿意伸出手来。

　　那天下午，我去邮局寄信，人很多，大多是在附近工地干活的民工，才想到是他们发工资的日子，在往远在千里之外的家里寄钱。

　　我寄了一摞子信件，最后算邮费，掏光了衣袋里所有的零钱，还差两角钱。我只好掏出一张一百元的票子，请柜台里的女服务员找。她没有伸手接，望了望我，面色不大好看。为了两角钱要找一百元的零头，这确实够麻烦的，难怪她不大乐意。

　　我下意识弯腰又翻裤兜的时候，和一个男孩子的目光相撞。他穿着一身尘土仆仆的工装，就站在我旁边的柜台的角上，个头才到我的肩膀，瘦小得像个豆芽菜。我发现他的眼光里流露着犹豫的眼神，抿着嘴，冲我似笑非笑的样子，有些怪怪的。而他的一只手揣在裤袋里，活塞一样来回动了几下，似掏未掏的样子，好像那里藏着刺猬一样什么扎手的东西。这更让我感到奇怪了。

　　没有，裤袋也翻遍了，确实找不出两角钱。我只好把那张一百元的票子又递了上去，服务员还是没有接，说了句：你再找找，这才两角钱还没有呀。可我确实没有啊，我有些气，和她差点没吵起来。

　　这时候，我的衣角被轻轻拉了一下，回头一看，是那个男孩子。我看见他的手从裤袋里掏了出来，手心里攥着两角钱："我这里有两角钱。"说完这句外乡口音很重的话，他羞涩地脸红了。原来刚才他一直想帮助我，只是有些犹豫，是怕我拒绝，还是怕两角钱有些太不值得？我接过钱，有些皱巴巴的，还带有他手心的温热，虽然只有两角钱，我还是谢了他。他微微地一笑，只是脸更有些发红了，真是一个可爱的孩子。

寄完信，我去附近的超市买东西，破开了那一百元的票子，有了足够的零钱。我又回到邮局里，不过，那时已是落日的黄昏，不知那个孩子还在不在？我想如果那个孩子还在，应该把钱还给他。

他还真的在那里，还站在柜台的角上，那些民工还没有汇完钱，他是在等着大人们一起回去。我向他走了过去，他看见了我，冲我笑了笑，因为有了那两角钱，我们成了熟人，他的笑容让我感到一种天真的亲切，很干净透明的那种感觉。

走到他的身边，我打消了还那两角钱的念头。我不知道这样做对不对，但看到他那样的笑，总觉得他是在为自己做了一件帮助人的好事，才会这样的开心。能够帮助人，而且是举手之劳的事情，尤其是帮助了一个看起来比自己大许多的大人，心里总会产生一种美好的感觉吧。我当时就这样想，干吗要打破孩子这样美好的感觉呢？一句谢谢，比归还两角钱，也许，更重要吧？我轻轻地抚摸了一下他的头，问了问："还没有走呀？"然后，我再次郑重地向他说了声："谢谢你啊！"他的脸上再次绽放出笑容。

以后，我多次去过那家邮局，再也没有见过那个孩子，但我怎么也忘不了他。他让我时时提醒自己，面对一些举手之劳的事情，能够伸出手来去帮助他人，一定要伸出手来。

【写作提示】

如何表达自己的主题思想
——"读"与"感"

　　读后感，常常是老师布置的作业。读后感，容易写，也难写。容易，是指不少同学把内容简介一抄，再在网上东抄一下西抄一下别人写过的内容，最后加上一句这本书我读后很受感动，至今难忘，或很受启发，从中受到教育之类言不由衷的话。难，指的是写出自己的真感受，写出与别人不一样的新鲜一点的东西，并不那么简单。

　　读后感怎么写，首先在于读，而后才有感。读是第一位的，没有认真地读，没有读的时候有真正触动自己的地方，便很难写读后感。在这里的"感"，不应该是读之后硬挤出来的，拼凑出来的，而应该是在读之中就有"感"而动于心的。这里的"感"，首先是读的时候感性的感受，也就是我说的那些触动自己的地方；其次才是带有理性色彩的感悟。没有前者，那种感悟便很多是无本之木，无源之水，或者大而无当，或者似曾相识。所以，读书，首先是感性的，读后感，首先也立足于感性之上。

吴小如和德彪西

读吴小如先生的学生编写的《学者吴小如》一书，最过目难忘的是小如先生的冰雪精神，赤子之心。书中特别提及其少作对名家以及他的老师的评点，直言不讳，率真而激扬，真是令人格外感喟。因为面对今日文坛红包派发、商业操作的见多不怪的吹捧文章，这样的文字，几成绝响。

看他批评钱钟书："一向就好炫才。"说钱虽才气为多数人望尘莫及，但给读者"最深的印象却是'虚矫'和'狂傲'"。他批评萧乾的《人生采访》文字修饰功夫"总嫌他不够扎实"。他批评师陀的《果园城》"精神变了质"："失败的症结不在于讽刺或谴责，而在于过分夸张——讽刺成了谩骂，谴责成了攻讦。"他批评巴金的《还魂草》拖泥带水，牵强生硬，"一百多页的文字终难免有铺陈敷衍之嫌"。

就是自己的老师，他的批评一样不留情面，敢于指手画脚。比如对沈从文的《湘西》等篇，他说道："格局狭隘一点，气象不够巍峨。""作者的笔总还及不上柳子厚的山水记那样遒劲，更无论格古情新的《水经注》了。"对于废名，他直陈不喜欢《桃园》，因为"没有把道载好"，"即以'道'的本身论，也单纯得那么脆弱，非'浅'即'俗'"。

这让我禁不住想起法国音乐家德彪西。2012年，是小如先生90岁寿，是德彪西诞辰150周年。两位年龄相差整60岁一个甲子的人，直率的性格以及对待艺术的态度，竟然如出一辙，遥相呼应，相似得互为镜像。

　　年轻时的德彪西，一样的指点江山，激扬文字，粪土当年万户侯。他说贝多芬的音乐只是"黑加白的配方"；莫扎特只是"可以偶尔一听的古董"；他说勃拉姆斯"太陈旧，毫无新意"；说柴可夫斯基的"伤感太幼稚浅薄"；而在他前面曾经辉煌一世的瓦格纳，他认为不过是"多色油灰的均匀涂抹"，嘲讽他的音乐"犹如披着沉重的铁甲迈着一摇一摆的鹅步"；而在他之后的理查·施特劳斯，他则认为是"逼真自然主义的庸俗模仿"；比他年长几岁的格里格，他更是不屑一顾地讥讽格里格的音乐纤弱不过是"塞进雪花粉红色的甜品"……他口出狂言，雨打芭蕉，几乎横扫一大片，肆意地颠覆着以往的一切，他甚至这样口出狂言道："贝多芬之后的交响曲，未免都是多此一举。""过去的尘土不那么受人尊重的！"

　　有意思的是，无论小如先生，还是德彪西，这样直率甚至尖刻的批评，当时并没有惹得那些已经逝去的大师们的拥趸者，和依然健在的被批评者火冒三丈，或是急不可耐地反批评，或者带着嘲笑的口吻说其"愤青"一言以蔽之。这种对于年轻人的宽容，既体现了那些学人作家与艺术家的宅心宽厚，也说明那时的文化氛围，如当时的大气与河流少受污染。这是一种文化的生态环境，在这样的环境中，作家、艺术家与批评家，万类霜天竞自由，能够一起相得益彰地成长。

　　于是，小如先生以年轻时对前辈与老师直率的批评，和对艺术与学问的真诚态度，步入他以后长达半个多世纪之久的学问之门。德彪西也是这样，打着"印象派"大旗，以其革新的精神，创造了欧洲以往从来没有的属于他自己的音乐语言。在他32岁创作出《牧神的午后》时，法国当代著名作曲家皮埃尔·布列兹，就曾经高度评价并预示："正像现代诗歌无疑扎根于波特莱尔的一些诗歌，现代音乐是被德彪西的《牧神的午后》唤醒的。"

说起那些少作，小如先生说自己是"天真淳朴的锐气"。燕祥说他是"世故不多，历来如此"。天真和世故，是人生与学问坐标系中对应的两极。我想，这应该就是小如先生的老师朱自清所说过的那种"没有层叠的历史所造成的单纯"吧。学者也好，文人也罢，如今这种单纯已经越发稀薄，而世故却随历史的层叠，尘埋网封，如老茧日渐磨厚磨钝。自然，如小如先生和德彪西年轻时的那种"天真淳朴的锐气"，也就早已经刀枪入库，只成为了可以迎风怀想的老照片。

但是，我一直以为，小如先生也好，德彪西也罢，他们年轻时的那种"天真淳朴的锐气"，其实更是一种如今文坛和学界所匮乏的精神。有了这种精神存在，文人之文，学者之学，才有筋骨，也才有世俗遮蔽下独出机杼的发现和富于活力的发展。

小如先生曾经说过这样的一段话："再有些人，虽说一知半解，却抱了收藏名人字画的态度，对学问和艺术，总是欠郑重或忠实。"对于今天的学术、艺术，或作家与作品，这段话依然有警醒的意义。对待上述的一切，我们很多时候确实是"抱着收藏名人字画的态度"，有些谦卑，有些妄想，有些世故，有些揣在自己心里的小九九，便有些欲言又止，有些王顾左右而言他，有些违心的过年话，有些成心的奉承话，甚至有些膝盖发软，有些仰人鼻息，只是没有一点脸红。

【写作提示】

一本书怎么读

——读后感写作的新意方法一种

读后感有不同的写法，首先在于有不同的读法。我强调读后感的写作，有两点需要注意的，一是"读"是第一位的，同时强调"读"和"感"的相互作用，不要把"感"和"读"像吃香蕉那样皮肉完全剥离。二是不要贪多，越少越容易集中，越集中越好写，最好是只谈书中的一点。

以《吴小如和德彪西》为例。吴小如先生是北京大学的教授，我读《学者吴小如》一书时，对他了解不多，这本书全方位地介绍了他的学术生涯和为师为人的品格与性格，读来如观灿烂的花开一路逶迤而来，展现了吴小如先生的一生。书中有一点格外打动我，掩卷而难忘，便是年轻时他对当时很多名家和他的老师直言不讳又一针见血的批评。这些人，如钱钟书、萧乾、沈从文等，都是赫赫有名的大家呀。这样的举动与言说，在今天看来简直无法想象。所以，让我很是感慨，所以难忘。

因为我喜欢音乐，其中喜欢法国音乐家德彪西，读过德彪西的传记。记得传记中记述德彪西年轻时曾经毫不留情地批评一些音乐大家，如贝多芬、莫扎特、勃拉姆斯、柴可夫斯基等人。便把吴小如先生和德彪西联系在了一起。他们对所谓大师或大家们毫不畏惧、出于真心，却又是格外尖锐的批评，有异曲同工之妙。尽管，一个属于文学，一个属于音乐，但其本质是一样的，其心地和眼光是一样的。

想起了德彪西是非常重要的。如果没有想起德彪西，这篇读后感便无法写成。即使勉强写出，也会只是就书论书，缺乏新意。有了德彪西的对应，便使得我所读的吴小如先生有了立体感，我所写的读后感也就有了形象，而避免了空洞，同时也避免了就事论事的一般化，多少会有了与别人的读后感不一样的一点新意。

我讲过写记叙文时需要对应和对比，其实，论说文也一样，所有的文体本质是一样的，方法也可以彼此借鉴交叉运用。在这篇读后感里，德彪西并不是横空出世，也不是完全的巧合，和吴小如先生竟然如此的彼此遥相呼应，而是客观真实的存在，只是需要我们在平常读书时发现。而且，并不是在需要读《学者吴小如》时，早已经有一本德彪西的传记放在你的面前，就等着你去拿他和吴小如先生作对比和呼应，而是在你平常读书的时候，就需要注意，需要积累，方才可以融会贯通，得心应手，找得到可以作对比和呼应的内容。

这里所说的积累，其实是老生常谈。读书，本身就是一种知识和经验的积累，但是，有不少人读了很多的书，按说积累的东西不少，为什么写起读后感却依然缺少从这本书到另一本书的内在跳跃与贯穿，就像从列车或轮船的自由随意而灵动的换乘，而容易总是在一本书上就地打转呢？牛津大学教授约翰·凯里在谈到读书的时候，强调需要想象力和创造力，特别是创造力的培养。他指出，读书就像弹奏钢琴，演奏的曲子不是自己创作的，但演奏的效果却是属于自己的，读书的过程，和弹奏钢琴的过程是一样的。所以，他说："读者就像钢琴家一样，所做的是一件极具创造力的工作。"而这种创造力，正是读书最需要培养的能力。只有有了这样的能力，才可以将书读成一池活水，横竖相通，手到擒来，启心致力，为我所用。

飘逝的含蓄

情感的表达方式，过去和现在，人与人，是极其不同的。

1859年，勃拉姆斯写下了他的A大调第二号《小夜曲》。勃拉姆斯一生中只写了两首《小夜曲》，他当然会珍惜这第二号《小夜曲》。这一年的9月13日，他将这首《小夜曲》的第二、第三乐章寄给了舒曼的夫人克拉拉。这一天，是克拉拉40岁的生日。这一年，是舒曼逝世后的第三年。这一年勃拉姆斯26岁。

这几个数字，对于我们理解勃拉姆斯这首《小夜曲》很重要，是一种由数学方法而组成的音乐背景。因为我们知道，舒曼是勃拉姆斯的老师，勃拉姆斯在他20岁那年第一次进舒曼家，就对克拉拉一见钟情。舒曼的去世，应该为他们之间的爱情拉开大幕，但羞怯的勃拉姆斯一直到克拉拉去世也未向克拉拉开口吐露这份感情。在克拉拉去世的第二年，勃拉姆斯也与世长辞。勃拉姆斯和克拉拉之间长达43年的生死恋，被传为一段佳话。当然，勃拉姆斯虽始终没有向克拉拉开口，敏感的克拉拉是心知肚明的，只是她也不挑破这层窗户纸罢了。

有了这样的背景，勃拉姆斯这首《小夜曲》寄到了克拉拉的手中，即使什么话不用说，其意义也是十分明了的，克拉拉是最能感知的。我们要注意的是他们表达自己的感情，和我们是如何的不同。克拉拉收到这份生日礼物，给勃拉姆斯写了一封回信，在信中只这样说那《小夜曲》美得"就像我正在看着一朵美丽的花朵中的根根花蕊"。说得是那样就事论事，那样平静而冷静，而将自己内心的感情掩藏在那根根花蕊的下面，水波不兴。

也许，这样的情感表达方式，才是属于勃拉姆斯，才符合勃拉姆斯和克拉拉43年那种始终含而不露的感情。勃拉姆斯既不在他的音乐中宣泄自己的感情，更不在他的生活中走漏一点风声（他曾经给克拉拉写过许多封情书，但一封也没有寄出，在他临终前全部烧毁了）。他小心翼翼地捧着这份感情如同捧着一只羽翼未丰的小鸟，生怕被风雨伤害。他的音乐总是这样充满内敛的精神，从不像瓦格纳那样张扬，也不像肖邦那样愿意陷入小猫小狗或细小雨滴之类琐碎情感的卿卿我我之中。

有时，我会想，也许勃拉姆斯在写这首《小夜曲》时，根本就没有像我们现在人想得那样多，那样复杂，他只是像创作其他曲子一样，并没有因为要献给克拉拉便如同加馅蛋糕一样而特别加入个人的感情。他就是要克拉拉对他的作品提提意见，就像学生给老师交作业一样。但这可能吗？我马上否定了自己的这一想法，艺术首先就是感情，怎么可能将感情从艺术中剔除干净呢？德沃夏克在他的《B小调大提琴协奏曲》的第二乐章中加入自己年轻时的梦中情人的私密性的东西——他的妻妹最爱听的一支曲子的旋律，即使最为汉子的贝多芬都会在不少曲子里加进对自己爱过的女人的怀念，勃拉姆斯怎么可能把自己的感情像洗衣服似的将水珠拧得那样干干净净？

有时，我也会想起在克拉拉去世之前，勃拉姆斯曾经将专门谱写的乐曲献给她，取名叫作《四首严肃的歌曲》。都到自己心目中的恋人快要死去的那样时刻了，还不着急，还要严肃，真是太勃拉姆斯了，实在让我们现代人有些看不懂了。但是，这就是勃拉姆斯，当时克拉拉收到勃拉姆斯寄给她的《小夜曲》，她听懂了，并感动了。

勃拉姆斯和克拉拉这种情感表达方式，是含蓄的，是克制的，是以牺牲而获得，是以失去暂时而赢得永恒。

勃拉姆斯和克拉拉的情感表达方式是冰山式的，勃拉姆斯寄给克拉拉《小夜曲》作为生日礼物，并不要在乐曲中赤裸裸地表白；克拉拉接到乐曲听完之后同样也不赤裸裸表露，而只是说美丽得如同花朵中的根根花蕊。其实，他们谁都知道自己说出的第一句话时，对方要回答的第二句话是什么；他们谁都知道彼此说出的话的下面被水面掩盖的冰山是什么。他们永远生活在潜台词中，会让我们觉得他们很累，替他们着急。但这潜台词是一种心心相印的默契。因此，他们坚守得住43年漫长的岁月，战胜得了生与死。他们从不那样直接与直白，总是那样含蓄、庄重，因为他们的自信和慰藉在于他们彼此的心里清楚地知道对方的一切，就像情人节里各自买的礼物打开一看，永远是相同的。

含蓄，是那样古典，又是那样遥远，它像飘逝的云离我们越来越远。真想抓住云的这一端，让它走得慢点，再慢点。

远离古典

我们常常爱听古典音乐，自以为非常感动，自以为听懂了。其实，我们根本没有听懂。我们离古典一天比一天遥远。据说，当年歌德听贝多芬的音乐时异常感动，竟热泪盈眶。激恼了贝多芬，愤怒地跑过去冲歌德说：你根本没有听懂我的音乐！可到了柴可夫斯基的时代，托尔斯泰听柴可夫斯基的音乐，感动得热泪盈眶的时候，柴可夫斯基上前向托尔斯泰表示衷心的感谢。岁月是一位残酷的雕刻师，无情地雕塑着托尔斯泰、柴可夫斯基和我们，而且将古典一并雕塑得适合于我们和时尚的口味。古典一词classic源于罗马上层阶级使用的拉丁语，包含着这样几层意思：谐调、高雅、持久、典范。古典，追寻的是古希腊和古罗马时代的精神，这种精神的追求，实际是对那个时代理想的追求。它带有均匀而有节制、淳朴而纯真的人类原始理想返璞归真。在这时期，声乐开始转为器乐。这一转折，至为重要。器乐让人们感受的是均匀、细腻、柔和、严谨，而不是让人们如听歌词一样听出明确的含义，让歌词和富于情节性的歌剧淹没音乐本身。这是对巴洛克时期那种华丽热烈、宫廷贵族气息浓郁音乐的一种反拨。歌德自己说："不爱音乐的人，不配做人。虽然爱音乐，也只配做半个人。只有对音乐倾倒的人，才可完全称作人。"他就是这样认识古典音乐的。他说得极端，过于热情洋溢，离古典的意义遥远，难怪贝多芬对他要愤怒地叫喊。连歌德和托尔斯泰都离古典遥远，我们可以不必责备自己对古典的误解，不必责备自己对古典的远离，我们也就可以理解了为什么詹姆斯·拉斯特、保罗·莫里亚将古典的音乐肆意改编成小品加上强烈的打击乐，以为是重返古典或是对古典全新的诠释；我们也就可以理解了为什么书摊上摆满了将古典名著断章截句截肢为摘抄和词典，供青年人写情书时参考，以为是挖掘古典对今天的发酵作用；我们也就可以理解了为什么一下子如球迷一样冒出这样多的发烧友，将贝多芬如私家财产藏在首饰盒中一样任其尘埋网封，将巴赫塞进高级组合音响看音响的名牌和效果比听音乐本身更兴味浓郁……古典被我们简化。古典被我们肢解。古典被我们附庸风雅。古典被我们化为实用。听古典音乐，便非常像是看奥林匹克运动会。四年一届的奥运会，我们都是从奥林匹亚山取下圣火，以为重返古希腊的辉煌。其实，我们早已将奖励给胜利者的橄榄枝叶变成了金碧辉煌实用的金牌。我们高举那熊熊燃烧的火炬，同举一把仿古的打火机没什么两样。我们离奥林匹亚山越来越远，我们却越来越跑得兴致勃勃。古典，在远离着我们。我们却以为古典是走进文化高雅高层次高档位的一层涂料、一层珍珠美容霜、一剂养生驻颜的回春药。古典，是一种水。我们以为能够制造世上任何一种水：蒸馏水、矿泉水、太空水、纯净水……古典，是圣水，只流自天国，流自心灵，流自遥远的原始人类的青春期。我们人类已经太老了。我们在漫长的成长的历史中赢得了一些什么，也无可奈何地失去了一些什么。是的，古典是一种水。我们太爱把它当成一种老酒或美酒，灌装进瓶子或罐子中，或调制成颜色鲜艳的鸡尾酒，斟进高脚杯中，自以为是珍惜、收藏或品位。其实我们只是把它当成点缀、摆设、显示和象征。古典，确实已经成为了一种象征。

新泽西来的海菲兹

　　说来有些惭愧，一直活到40来岁，才知道世界上有个海菲兹（J·Heifetz）。

　　去年夏天一开始就那样闷热，一直延续了整整一个夏季。就在那个夏季快要熬过去的一天夜晚，没有一丝风，只剩下汗津津如虫子爬满一身一样的感觉。我随便打开音响，中央人民广播电台的立体声音乐节目正介绍海菲兹，播放着他演奏的贝多芬D大调小提琴协奏曲。那乐声一下子吸引了我。我不能说曲子美，那是不够的，浅薄的，只有历尽世事沧桑，饱尝人生况味的人，才会拉出这样的琴声。那有力的揉弦，坚韧的跳弓，强烈的节奏，飞快的速度，如此气势磅礴，飞流直下三千尺般冲撞着我的深心，进入第二乐章，一段飘然而至的抒情柔板，真给人一种荡气回肠之感，像是河水从万丈悬崖上急遽跌落，流进一片无比宽阔深邃的湖面，那湖面映着无云的蓝得叫人心醉的天空。悠扬的琴声立刻侵入我的骨髓，我禁不住全身心为之颤动，浑身血液都融化进那无与伦比的琴声之中。虽然是抒情，他拉得依然沉稳，让人格外感到深沉，犹如地火深藏在岿然不动、冷峻无比的岩石之中。

　　这就是海菲兹！这就是贝多芬！是海菲兹把贝多芬那宽厚而博大的气势表现出来。虽然我知道这是贝多芬所作的唯一一首小提琴协奏曲，为了纪念一位名叫丹叶莎·勃伦斯威克的伯爵小姐的爱恋之情，但绝非只是恋人浪漫曲。我从海菲兹的琴声中顽固地听出是对一种刻骨铭心的理想历尽磨折而终不可得又毕生不悔孜孜以求的复杂心音，这样的琴声不能不让我的心滤就如水晶般澄清透明，锤打得更坚强一些而能够理解人生、洞悉人生。最后一缕乐声消失了，我还愣愣地站在音响旁，望着闷热无雨的夜空发呆，只是一下子觉得天清气爽起来，星星一颗颗可触可摸，晶亮而冰洁。

我第一次认识了海菲兹，便永远忘不了他！我忽然涌出一种相见恨晚，他乡遇故知的感情，浓浓的，竟一时放不开。

我找到有关海菲兹的传记材料，才知道早在我第一次听他演奏这首贝多芬小提琴曲的两年前，他便死在美国洛杉矶的一家医院里——8月10日，也是这样一个闷热的夏夜，他走完了人生84年的旅程，而我却以为他一定还活在人世，还会为我们演奏他和我一样喜欢的贝多芬！

这位出生于俄国，有着犹太血统的美国小提琴演奏家，是当今最伟大的小提琴家。萧伯纳曾这样写信给他说："爱嫉妒的上帝每晚上床都要拉点什么！"音乐界则众口一词："海菲兹成了小提琴登峰造极的同义词。"所有这一切评价，他都受之无愧！听完他演奏的贝多芬这首小提琴协奏曲，我曾特意找到其他几位小提琴家演奏的同样曲目，结果我固执而绝对排他地觉得没有一位能够赶上他，没有谁能够将乐曲那内在的深情，磅礴的气势，以及作曲家那特有的宽厚脑门中深邃的思索，一并演奏得如此淋漓尽致！他11岁便开始以独奏家身份巡回演出，一生足迹遍布全球，总共行程20万，演奏10万小时，征服了全世界小提琴爱好者的心！

这不仅因为海菲兹有着旁人难以企及的演奏技巧，更重要的是他有着一颗与贝多芬一样坚强而深厚的心灵。他在世80余年中，经历了两次世界大战，可谓阅尽春秋演义。无论日本地震后，还是爪哇暴动后，天津被日本入侵后，他都赶赴现场演出，以他宽厚的人道主义的琴声与那里的人民交融在一起。二次世界大战中，他上前线为战士演出300余场。他对战士们讲："我不知道你们需要什么，我将演奏舒伯特的《圣母颂》！"他赢得战士们的掌声。《圣母颂》成为他为战士演奏次数最多的曲子。1959年，虽然他已经宣布退出舞台，而且刚刚摔伤不久行走不便，为了参加庆祝人权宣言八周年的活动，他仍一手拄着拐杖，一手抱着小提琴，走进联合国大厅演出。正因为海菲兹有着如此举世无双的技艺和人格，才赢得人民对他长达半个多世纪的经久不衰的爱戴。当他重返苏联演出时，那里的音乐爱好者不惜变卖家具等贵重物品，凑钱买票观赏他的演出，演出结束后，年轻人伫立街头久久不肯散去，等待他从剧场出来，向他高声欢呼致意！

我对海菲兹越发在意。我注意搜索广播节目报上海菲兹的名字。终于有一天，我见到了预报中有他演奏的贝多芬D大调小提琴协奏曲，托斯卡尼尼指挥。我提前半小时便将调频台对出，把准备录音的空白镀铬的金属带装好，像坐在音乐厅中一样，静静地等待海菲兹的出场。非常遗憾，那一天天不助我，噪音比往常严重得多，无论我怎样变换天线的角度和方位都无济于事。但我还是将这长达40分钟的曲子录下音来，反复播放，一遍遍沉浸在海菲兹那炉火纯青的琴声中，即使杂音也无法遮挡海菲兹的光芒。

不过毕竟有杂音。我希望能够买到一盘真正海菲兹的磁带或一张唱片，原版的。我竟像现在年轻人迷恋他们心目中的歌星一样，开始跑音像商店，寻找海兹菲的踪影。不过，我知道，我寻找的是一位足可以跨世纪的音乐巨星，不敢说是恒星，但决非年轻人心中常变易的流星。可惜，王府井、西单、灯市口、北新桥的"华夏"门市部、琉璃厂的"华彩"销售点……都没有海菲兹……海菲兹哪里去了？他的琴声曾传遍世界，仅在美国胜利唱片公司一家便出版过他的长达26小时的乐音录音，还只是他全部演奏乐曲录音的三分之一。这该有多少不同品种的磁带或唱片！！为什么偏偏我就寻找不到呢？莫非我们果真如此淡漠海菲兹？

　　我不甘心，仍在寻找。去年底，北京农展馆举办的第三届国际音像制品展销会的目录上，我见到了海菲兹的名字。不仅有他演奏的贝多芬，还有莫扎特、勃拉姆斯、布鲁斯……我真高兴，跑到农展馆，却是扫兴：海菲兹尚在迢迢旅途中，他的唱片尚在海上运输轮船的船舱里没有到达。毕竟有了希望。那船即便半路遇到风雨，即使沿途意外抛锚，它总会到来。那是我的红帆船！

　　我实在没有想到它竟然这样慢。一直到了今年春天，我在灯市口音像制品商店琳琅满目良莠不齐的激光唱片的橱窗里，才看见了J·Heifetz几个字母，黑色唱片封面上醒目的白色手写体，是海菲兹的亲手签名。盛名旁便是海菲兹的黑白照片剪影。这是我第一次见到他的照片：苍白的头发，宽阔的前额，高耸的鼻梁，左手抱着或许便是那把1814年产的跟随他一生的小提琴，右手持长长的琴弓，面部表情冷峻，俨然花岗岩石一般。但我知道就在这近似冷酷无情之中蕴含着他的深邃与真情，他将自己炽热的性格不是燃起火，而是凝结成玉骨晶晶的冰。他拉琴时身体几乎纹丝不动，绝不像有些琴手那样动作幅度大，或故意甩动自己潇洒的长发，更不会如我们有些浅薄的歌手那样搔首弄姿。我懂得，这是只有阅历史兴衰，饮经沧桑之后才会出现的疏枝横斜、瘦骨嶙峋。他不会为一时的掌声而动容，也不会为些许的挫折而蹙眉。望着他那双冷漠得几乎没有光彩和眼神的眼睛，我心中涌动着对他的一份理解和崇敬。

　　非常可惜，这是一张西贝柳斯D小调小提琴协奏曲的激光唱片，而不是我与他都那样喜欢的贝多芬的D大调小提琴协奏曲。我还从未听过西贝柳斯这支协奏曲，不敢断定自己是否喜欢。我仔细将橱窗里每一张唱片又看了一遍，依然没有海菲兹的第二张唱片。我决定还是买下，毕竟这是海菲兹的西贝柳斯。爱屋及乌嘛，海菲兹一定不会让我失望的。更何况唱片上还有海菲兹的照片和手迹。

　　我对服务员小姐讲要买这张唱片。她风摆柳枝般摇到店铺找了好半天，居然空手而出。"对不起！唱片只剩下这一张，我就从橱窗里取出来！"她这样对我说，我只好点点头，看来还有比我幸运的捷足先登者。她从橱窗里取出这张唱片，上面落着尘土，灰蒙蒙地遮着海菲兹瘦削的面容和他那把心爱的小提琴。我拂去尘土，海菲兹无动于衷，依然凝神地望着不知什么地方。我买下这最后一张海菲兹唱片。无论怎么说，它是我自己拥有的海菲兹。

　　回到家，听听海菲兹琴声中的西贝柳斯。啊！一样令人感动。一开始小提琴中庸的快板头一句柔和的抒情中蕴含着力度，这立刻把我吸引。随后，低音的沉稳，高音的跳跃，与浑厚大提琴伴奏的谐和。让人感到芬兰海湾海浪的苍苍、海风拂拂、一派天高海阔的画面。第二章的柔板演奏得绝非像有的琴手那样仅剩下缠绵如同软软的甜面酱，而是略带忧郁和神秘低音区与高音区的起伏变幻，像静静立在海边礁石上，对着浩瀚的包容一切的大海诉说着悠悠无尽的心事。让人遐思翩翩，能够忆起自己许多难以言说如梦如烟的往事。虽然，明显的北欧的韵味与贝多芬的小提琴协奏曲日耳曼风格不尽相同，但依然是海菲兹！他不过重宣泄个人缠绵的情感，而是更看重浑厚人生的理解和追求。他不屑于大红大紫的艺术效果，而把琴弦拨动在内心深处一隅，静静地与你交流、沟通。这在第三乐章快板中可以明显触摸到。我感谢海菲兹又给了我一个大圆脑袋秃顶的西贝柳斯！

　　一天，朋友来访，我请她听新买的这张海菲兹唱片。我向她推崇备至地诉说海菲兹，对她讲以前没听过西贝柳斯这支小提琴协奏曲，买了这张唱片第一次听到，才知道其妙不可言……其实，这些话都是多余的，她是我童年的朋友，我们是街坊，那时，她的弟弟是个狂热的小提琴迷，靠着灵性和刻苦拉一手好琴，几乎是无师自通。他唯一最好的老师便是唱片。只是那时我们都是一群渴望太多胃口太大却又实在太穷的孩了。她弟弟一直盼望能买到几张当时的密纹唱片，永远据为己有而不用向别人借用，却苦于手头无钱。是她这个当姐姐的省下住校的饭费，为弟弟买了一张旧唱片。那一年暑假，院子里便整日响着这张唱片放出的小提琴曲。她弟弟一遍又一遍不知疲倦地学着唱片拉他的小提琴。在弟弟的熏陶下，她也成了音乐迷，比我懂音乐，用不着我絮叨，她一定会和我一样喜欢海菲兹的。

没错！她立刻听入了迷。渐渐的，我竟发现她的眼睛里蓄满晶亮的泪水，映着眼镜片上一闪一闪的。西贝柳斯这首D小调小提琴协奏曲结束时，她半天没有讲话，然后突然抬头来问我："这首曲子你以前没听过吗？"我点点头。她又问："小时候？忘了？"我皱皱眉头，怎么也想不起来。她接着说："那年暑假我给我弟弟从委托商店买了张旧唱片，我弟弟学着天天拉琴，你怎么忘了呢？就是海菲兹演奏的西贝柳斯这支曲子呀！"

我好悔！对音乐爱好来得太迟！那时，我只迷文学，不怎么喜欢音乐。天天单调地听一支曲子，心里还有些腻烦。谁料到呢，那时海菲兹便神不知鬼不觉地来到我的身边，我却如此漫不经心地与他失之交臂！他没有责备我年轻时的幼稚与浅薄，今天在我迈过不惑之年的门槛时，他重新向我走来。这是命中割舍不断的缘分？还是冥冥中幽幽主宰的命运？

寻找贝多芬

那是一个时而晴朗，时而飘着雪花的三月，我在维也纳默默地寻找贝多芬。即使在维也纳，贝多芬也是很难找到的，虽然他从1793年11月就到了"德意志音乐的首都"维也纳；在那里生活了35年，乔迁过30个寓所，而且，几乎他所有的重要作品都是在维也纳完成的。1827年3月26日，"他在大风雨中，在大风雪中，在一声响雷中，咽了最后一口气。一只陌生的手替他阖上了眼睛"（罗曼·罗兰《贝多芬传》）。那所宅第就坐落在黑色西班牙街上，一百多年来，一直保留为贝多芬纪念馆。但我在黑色西班牙街听到的是最后一个低沉的音符，看到的是一个凝固了一百多年的悲剧的终场。却没有看到贝多芬，没有！

在贝多芬的忌日那天，我走进维也纳森林的海伦娜山谷，过了一座湍急溪流上的小桥，就是人们说的"贝多芬小路"了。路两旁堆积着去年的黄叶……树枝上刚刚有些绿意，小路旁边竖有一块绿色的牌子，上面写了一段贝多芬1815年的日记："恍惚大地上的每一棵绿树都在向我述说，神圣啊！神圣！森林里的一切都让人心旷神怡。谁能把这一切用语言来表达？森林里的甜蜜和静谧……"罗曼·罗兰证实：他的"耳朵完全聋了。从1815年秋天起，他和人们只有笔上的往来"。可他竟然还能听见大自然和自己的对话！多么神奇啊！我相信，他一定能听见大自然的语言，因为大自然的语言是神明的语言。否则，人类的损失就太大、太大了！在离开地面约两米的粗糙的峭壁上，雕刻着青年贝多芬的半身像。路旁有一块贝多芬经常歇息的岩石。这时，我真正找到了贝多芬！听到和看到了他！我悄悄地坐在贝多芬的身边。他的右手轻轻地敲击了一下岩石，神秘的LA—MI的和声从天而降。在他整个灵魂的领域里，轰然出现一个D小调的动机，这个动机带着他回顾了自己痛苦的一生。我看见，阳光落在他那饱满的前额上，很快就移去了，留下的是淡淡的愁云。雪花落在他的眼窝里，很快就融化了，留下的是浅浅的泪痕，接着，林中一只对春天最敏感的小鸟啼鸣起来，引出一段春天的牧歌。之后，热切的和平祈求与尤奈的人生惆怅交替出现，号角声像是渐近，又像是渐远，最后，美妙的合唱在大提琴的带领下升起。唱的是什么？他全神贯注地倾听着：是席勒的《欢乐颂》！对！是的！"拥抱吧，千万生民！把吻送给全球，"欢乐和爱是一体，是分裂着的人类的永恒的渴望。但在器乐和声中，不是理想地体现了人类的融合么！——贝多芬一跃而起，一路看着、听着、欣赏着，携带着他所创造的美丽欢乐的新世界，回到自己的住所，当晚他在谱纸上绘出了海伦娜山谷里的一个辉煌的白日梦——那就是伟大的《第九交响乐》。

春天去看肖邦

说来真巧，去肖邦故居那天，正好赶上是春分。

肖邦故居位于华沙市区50公里外一个叫作沃拉的小村。车子驶出市区，便是一片开阔的原野，平坦的土地大部分裸露着，还没有返青，到处是一丛丛亭亭玉立的白桦树，一片片的苹果树和樱桃树，油画一样静静地站立在湛蓝的天空之下。再晚一个多星期，田野就绿了，果树都会开花，那样的话，肖邦会在缤纷的花丛中迎接我们了。

老远就看见了路牌：WOLA。虽然是波兰文，拼音也拼出来了，就是我梦想中的沃拉。

肖邦故居的门口很小，里面的院子大得出乎我的想象，虽还是一片萧瑟，但树木多得惊人，深邃的树林里铺满经冬未扫的厚厚树叶，疏朗的枝条筛下雾一样飘曳的阳光，右手的方向还有条弯弯的小河（肖邦9岁时在这条小河里学会游泳），宁静得如同旷世已久的童话，阔大得如同一个贵族的庄园。肖邦的父亲当时只是参加反对沙皇的武装起义失败后跑到这里教法语的一个法国人，破落而贫寒，怎么可能买得起这么大的庄园？我真是很怀疑，无论是波兰人还是我们，都很愿意剪裁历史而为名人锦上添花，心里便暗暗地揣测，会不会是在建肖邦故居时扩大了地盘？

如今，肖邦纪念碑就立在小河前不远的地方，和故居的房子遥遥相望。那是一座大理石做的方尖碑，非常简洁爽朗。上面有肖邦头像的金色浮雕，浮雕下面有竖琴做成的图案，两者间雕刻着肖邦的名字和生卒年月。

那幢在繁茂树木掩映下的白色房子，就是肖邦的故居了。房子不大，倒很和肖邦当时家境吻合。如果房前没有两尊肖邦的青铜和铁铸的雕像，和村里其他普通的房子没有什么两样。它中间开门，左右各三扇窗子，各三间小屋，分别住着他的父母和他的两个妹妹。如今成为了展室，展柜里有肖邦小时候画的画，他的画很有天分，还有他送给父亲的生日贺卡，是他自己亲手制作的。墙上的镜框里陈列着1821年肖邦12岁时创作的第一首钢琴曲的手槁：降A大调波罗乃兹。五线谱上的每一个音符都写得那样清秀纤细，让我忍不住想起他的那些天籁一般澄清透明的夜曲和他那被做成纤长而柔弱无骨一般的手模。

客厅的一侧，有一个拱形的门洞，但没有门框、门楣和房门，空空地敞开着，门洞的后面是一扇窗，明亮的阳光透过窗纱洒进来，将那里打成一片橘黄色的光晕。走过去一看才知道，那里就是肖邦出生的地方，竟然只是一块窄窄的长条，长有五六米，宽却大概连一米都不到，因为中间放着一个大花瓶就把宽的位置占满了。靠窗户的墙两边分别挂着肖邦的教父和教母的照片，墙外面一侧挂着的镜框里放着圣罗切教堂出具的肖邦的出生证和洗礼纪录，另一侧镶嵌着一块汉白玉的牌子，上面刻着三行手写体的字母：弗雷德里克·肖邦于1810年2月21日出生在这里。

实在想象不到肖邦出生在这里，家里还有别的房间，为什么他的母亲非要把他生在这样一个憋屈的角落里？命定一般让肖邦短促的一生难逃命运多舛的阴影。

肖邦只活了39岁，命够短的。在这39年里，只有前9年的时光，肖邦生活在沃拉这里，那应该是他最无忧无虑的时候，以后的岁月里，疾病和情感的折磨，以及在异国他乡的颠沛流离，一直影子一样苦苦地跟随着他，直至最后无情地夺去他的生命。肖邦的母亲是纯粹的波兰人，富有教养，弹得一手好钢琴，给予他小时候良好的音乐启蒙。肖邦就是在这里和瑞夫纳老师学习钢琴，那一年，他才6岁。8岁的时候，他登台华沙演奏钢琴，引起轰动，被称为"第二个莫扎特"。瑞夫纳说他已经没有什么可再教他的，建议他去华沙。他去了华沙，和华沙音乐学院的院长约瑟夫·埃尔斯纳系统地学习音乐，又是埃尔斯纳建议他去巴黎，他去了巴黎，开创了音乐新的道路。这样两个对于他至关重要的老师，我在他的故居里为什么没有见到他们的照片、画像或其他一些印记呢？也许，是我看得不仔细。

在肖邦故居里迎风遥想肖邦的往事，别有一番滋味在心头。一个那么弱小而疾病缠身的人，竟然可以让整个欧洲为之倾倒，让所有的人对波兰当时一个那么弱小一直被人欺侮的国家与民族刮目相看，该是多么了不起。音乐常常能够超越某些有形的东西而创造历史。

走出故居，沿着它的侧门走去，下一个矮矮的台阶，那里草木<u>丛丛</u>，更漂亮而幽静。前面不远就是那条小河，如一袭柔软的绸带，弯弯地缠绕着整个故居，淙淙地流淌着舒缓的音符。忽然，传来一阵钢琴声，听出来了，是肖邦的第一钢琴叙事曲，是从肖邦故居里传出来的。明明知道是从音响唱盘里播放出来的，却还觉得好像是肖邦突然出现在故居里，推开了置放钢琴的房间里的那扇窗子，为我们特意地演奏。

重访草莓园

　　到纽约总要去中央公园，因为那里有约翰·列侬的草莓园。今年是列侬逝世30周年，就更要来了。上次来，是四年前的春天，这一次，是秋天了。人生四季的轮回，叶子绿了又黄，黄了又绿，无论卑小的个人，还是偌大的世界，都在发生着变化，草莓园却依然故我，和四年前见到的没什么两样，就像听他生前唱的那些歌一样，依然动听如昨，没有走音跑调。

　　我爱听列侬的歌，他并不像有些歌手只会咀嚼个人的那些风花雪月的小感情，他那种对于世界的关注，只有鲍勃·迪伦能够和他比肩。他不是那种社论式的大气磅礴，而是他独特的诗人式的关注，完全跳出一般流行歌手的范畴。我们的一般流行歌手有时也唱些这样宏观的歌曲，却只是把它们当作公益歌曲或晚会歌曲来唱唱罢了，那种别人替他们编好的词和曲调，千人一面般的相似，完全可以把这首歌的歌词或旋律同另外一首歌随意置换。列侬不是这样的，他总是能及时而准确地把握住时代的脉搏，唱出他自己的那一份感情，对这个世界做出他独特的发言。

　　最喜欢的是《想象》，在过于现实的生活里，想象早已经被磨钝，锈蚀成了一块铁疙瘩，还有比列侬更能让我们感受到想象能如气球一样载我们飞升进天空的吗？虽然这首歌有些浪漫和乌托邦，但他对世界和平统一的向往，让你无法不感动，感动他的真诚的同时，感慨我们有些歌手的浅薄和贫乏。你会感到列侬一步就迈过了那种浅薄却装点得豪华如同游泳场里的蘑菇池，而走向那样宽阔的水域，立刻有一种潮平两岸阔、风正一帆悬的感觉。

那一连串激流直泻的排比，是他对你我这样普通百姓的直抒胸臆："想象这里没有天堂，这很简单，如果你想试试的话。我们的下面也没有地狱，我们的上面只有天空。想象所有的人民，只为今天的和平生活；想象没有国家，想象没有杀戮，想象没有牺牲，想象没有宗教，这一切并不难做到。想象没有占有没有贪婪没有饥饿四海之内皆兄弟……你可以说我是做梦的人，但我不是唯一的一个，我希望有一天你能加入进来，那么世界就能变成一个。"真的，什么时候听，什么时候都会被感动。

草莓园，并没有草莓，只是一个直径三米多的圆圈，彩砖铺地，一条条放射线铺展开来，很有些动感。圆心中写着IMAGINE，这就是约翰·列侬那首著名歌曲《想象》的名字。

这是当初纽约市政府出资100万美元修建的，近看如一个硕大的花环；远看像一滴垂落的泪珠。如此敬重地对待一位摇滚歌手的城市，让我想起英国的利物浦。10年前利物浦机场改名为约翰·列侬机场，成为了当时的一则新闻，因为用名人的名字命名机场的有不少，用一位摇滚歌手的名字命名，利物浦机场是头一个也是迄今唯一的一个。列侬出生在这座城市，当年是一个失去了父亲又接着失去了母亲的无助孤儿，他组织披头士乐队时，没有地方演出，只好在码头附近的低级小酒馆去卖唱。利物浦用这种方式表达对他的敬意，也表达对他曾经冷漠的歉意。这是一座有文化的城市应有的文化自觉和艺术气质。

秋意正浓，中央公园里的树已经开始变色，色彩缤纷，如同围绕着圆圆的草莓园的那些不同肤色的人。大家像是围绕着正在唱歌的列侬，轻声说着来自世界各地的语言，表达着对他的敬意。这一天，多了一个中国人，在心里对他说，很多中国的歌迷也喜欢你的歌。

　　禁不住又想起了他的《想象》："想象所有的人民，只为今天的和平生活；想象没有国家，想象没有杀戮，想象没有牺牲……"如今谁来为我们重唱这样动人的歌?

　　草莓园紧挨着公园出口，从这里抬头向公园出口望去，就可以望到达克塔公寓的高楼，当年列侬就住在那里。推开正对着公园的那扇窗，列侬常常站在那里眺望公园。30年过去了，那扇窗口前再也无法出现他的身影。

　　草莓园，曾经是列侬家乡利物浦的一块童年梦想之地。那一年，姨妈带着他到那里看演出，是他看到的第一场歌唱演唱会。正是那块草莓园让他迷上了音乐。1967年，他唱了第一首自己创作的《永恒的草莓园》。

　　他用他的生命和歌声换来了一座如今的草莓园。

茶花女柳依依

这是1900年的冬天，威尔第87岁。饭吃得越来越少，觉睡得也越来越少。一觉醒来，夜色沉沉，窗外再也看不到圣阿加塔乡间那明亮的星空。四周是一片墨汁一般浓重的夜色，什么也看不见，只有往事不时会格外清晰地跳出来，像是五线谱上的音符，排着队向威尔第涌来。

他太想念圣阿加塔了。那里有开阔的田野、谷地、葡萄园、玉米地，以及乡间的小路和路旁参天的白杨树，还有他在花园里亲自种植的郁金香、杜鹃和蔷薇……

他是1848年买下圣阿加塔的，那一年，他38岁，《纳布科》、《欧那尼》等歌剧，让他声名大震，让他彻底告别了服苦役般的艰苦时日。之后，他所有的歌剧都是在圣阿加塔写下的，乡间给了他在城市里绝对没有的灵感。每写完一部歌剧的时候，他庆祝的方式都有些特别，他不喜欢觥筹交错的宴会，更反感官方或出版商搞的附庸风雅、陈词滥调的那一套，而是一个人回到圣阿加塔，拉上妻子，悄悄地在花园里栽种下一株树苗：《茶花女》是柳树，《游吟诗人》是橡树，《阿依达》是苹果树……

他想起了那株柳树，想起了妻子朱塞平娜。

那一年，他50岁，写完了钟爱的《茶花女》，他问妻子："亲爱的，我们种一株什么树好呢？"妻子想了想，说："就种一株柳树吧。"连想都没有多想，他叫老花匠皮佐拉买来一株柳树，和妻子一起把它种了下去。妻子尤其喜欢这株柳树，她亲热地管它叫作"茶花女柳"。每次陪威尔第到花园里散步的时候，老远看见了那株柳树，她都要叫道："看，茶花女柳！我们先去看看它吧。"

每年复活节到来的时候，朱塞平娜都要特别到那株柳树前，她总会为第一眼看到了嫩叶像小鸟啄破蛋壳探出头来而高兴得大呼小叫。威尔第愿意跟着她，俯身看着这大自然的奇迹。在威尔第的眼里，那柔韧轻扬的枝条，如同妻子那一头飘逸的金发，在阳光下迷人地闪耀。

威尔第也忍不住想起了花园里那个老花匠皮佐拉，他的心里隐隐地觉得有些对不起他。

威尔第是个怪人，他的音乐是那样豁达、细致、温情，但生活中却是那样的刻板，甚至粗暴得像头黑熊。而且，他还格外看重金钱，对待那登门找他更新歌剧的剧院老板们，他索要高价，毫不客气，对待为他干活的农民，他也一样锱铢必较，他还常常会为一点鸡毛蒜皮的小事而火冒三丈，没头没脸地训斥他们一顿。

那一天，他就是这样把皮佐拉劈头盖脑地骂了一通。其实，只是为了那株"茶花女柳"。那株柳树也真是奇怪，妻子死后，它也渐渐地枯萎。皮佐拉找到威尔第，告诉他那株柳树已经死了，是不是要把它砍掉？威尔第一听，立刻火冒三丈，冲皮佐拉大骂道："谁告诉你说'茶花女柳'死了？我看要死的是你这个畜生！"皮佐拉一气之下，提出辞职。威尔第更为大怒："滚吧，我不缺少你这样的蠢货！"结果，气急败坏的威尔第无理地扣下3000里拉的工钱，就是不给人家。

……

第二天天蒙蒙亮，冬天的米兰，晨雾浓重地遮挡住了窗户，屋子里有些晦暗。

威尔第把玛丽亚叫进来。玛丽亚是33年前他和妻子收养的一个小姑娘，妻子死后，一直都是她在照料着威尔第。威尔第从被子里伸出枯枝一样的手臂，指了指窗户，说："请帮我把窗户打开。"接着，威尔第让她去请人来帮助写遗嘱。

当玛丽亚带着人走进屋里时，威尔第已经昏迷在床上。他们慌忙把他叫醒，又赶紧叫来医生。

威尔第睁开了眼睛，突然精神了起来，一条条地列着他遗嘱的条目，先从慈善机构开始，音乐家的养老院、医院，佝偻病人和聋哑人的福利机构，再说到家属、朋友和一直伺候他的玛丽亚，以及其他仆人们……他的头脑清醒而清晰，有条不紊，无一遗漏。

最后，他把玛丽亚叫到身边，问道："皮佐拉，你还记得他吧？"

玛丽亚点点头。

威尔第也点点头说："我死后，立即付给他3000里拉。我很愧疚，这是我欠他的工钱。而且，我还对他发了脾气，其实，他是对的，请转告他，请他把那株柳树砍掉吧。"

冬天还没有过去，88岁的威尔第与世长辞。米兰街头有20万群众为他送葬，意大利按照民族英雄的仪式，为他举行了隆重的葬礼。

老花匠皮佐拉也来到了米兰，加入长长的送葬队伍中。但他没有听从威尔第的遗嘱，把那株老柳树砍掉。在圣阿加塔威尔第的花园里，那株"茶花女柳"依然在。

【写作提示】

一出戏怎么看

——观后感写作中的联想

看戏看电影看电视或看其他艺术形式的演出，已经成为我们现代生活的一部分。这方面的观后感，也成为了学习和爱好写作的同学的一门必修课。观后感写作的意义，不仅在于写作本身，更在于艺术的滋养和熏陶以及鉴赏能力的培养，对于我们自身成长的作用，是非常需要和重要的。所以，无论现在我作为作者对自己，还是当年我作为一名教师对学生，观后感的训练，都是极其必要的一课。

如何写好观后感？在我看来，观后感，比读后感更难写一些。因为写读后感，书是摆在那里的，读一遍不行，可以再读一遍，写的时候，还可以把书放在身边，随手再翻一遍。写观后感不行，戏之类的任何演出，都是一次性，即时性的，转瞬即过，一般而言（除非买回录像的碟片），不可像书一样重新翻页的。因此，观后感的写作，要求我们要更具敏感性和时过境迁之后的反刍能力。所谓敏感，是指能够在观赏艺术演出时迅速捕捉到演出那灵光一闪的能力；反刍，是指事后对演出由此及彼的反思的能力。这样两种能力的要求，无形中让观后感的写作难度加大，却也让观后感的写作充满挑战的乐趣。

另外，在观后感的写作中，引用的作用也是至关重要的。借助引用，不仅可以加强论述的说服力和理论性，同时可以增加文章的灵动性和可看性。引用材料的寻找和获取，需要颇费一番工夫，翻阅查找很多资料，请教一些人。写作的过程，常常是你付出多少，就会收获多少。

第 6 堂课

文章如何结尾

聪明只是一张漂亮的糖纸

　　儿子小铁上初二的时候，有一天下午我和他妈妈出门，问他去不去，他摇摇头，一人闷在家里。晚上，我们回到家，他问我："你发现咱家有什么变化吗？"我望了四周，一切如故，似乎没什么变化。他不甘心，又问："你再仔细看看。"我还是没有发现什么蛛丝马迹，倒是他妈妈眼尖，洗脸时一下子看见脸盆和脸盆旁边的水管上贴着小纸条，纸条上写着它们名字的英文。

　　我这才发现屋子里几乎所有的地方，柜子、书桌、房门、厨房、暖气、音响、书架……上面都贴着小纸条，纸条上面都用英文写着它们的名字。一张张小纸条剪得大小一样，都是手指一般窄长形的，不仔细看还真不容易看到。他很得意地望着我笑。不用说，这是他一下午的结果。我表扬了他。

　　那一年，他对外语突然感了兴趣。他就是这样开始他的外语学习的。他所付出的努力一般是在家里，是默默的。

　　所以，在许多人夸奖小铁聪明时，我的虚荣心当然得到满足，但是我其实是很清楚的，孩子是以他的刻苦方式取得他应有的成绩的。

　　有时候，他很贪玩，读中学时最迷恋的是NBA篮球，哪怕考试再忙，每晚的电视只要有NBA的比赛，必看不误，你怎么说他，他也是雷打不动。为此，我和他发生过冲突，弄得他哭着对我说："我什么时候因为看NBA把功课耽误了？我现在看电视耽误的时间，我会安排时间补过来。"

　　现在，他读大学了，时间更紧张了，偶尔回家一趟，或是陪他妈妈逛商店，或是陪我聊聊天，其实都是很耽误他的时间的。我知道我们大人的时间显得越来越慵散了，但他正是忙的时候。而且，我发现我变得爱唠叨了，也许好不容易看到孩子回家一趟，总想和他多说说话，便缺少节制，而他变得懂事了许多，从来没有不耐烦过，总是放下手中的书本，听我说不完地说。听我说完之后，他会对他妈妈开句玩笑："妈，你看我爸又耽误了我的时间，我得晚睡几个小时了。"

　　有一次，他让我帮助他买盏应急灯，说晚上一过11点，宿舍就熄灯了。我劝他少熬夜，他说同学都这样，每个人的床上都有一盏应急灯。应急灯要是妨碍同学了，他会骑上车跑出校园，到学校边的24小时营业的永和豆浆店，买点吃的，一坐就到半夜或是一个通宵。

　　虽然，我不赞成他熬夜，但我赞成他必须这样付出刻苦努力的代价。在智商方面，孩子之间的差别不是很大的，聪明只是一张漂亮的糖纸，外表可能闪闪发光挺好看，但包裹在里面的东西才是最重要的，这重要的东西就是刻苦。

年轻时去远方漂泊

寒假的时候，儿子从美国发来一封E-mail，告诉我利用这个假期，他要开车从他所在的北方出发到南方去，并画出了一共要穿越11个州的路线图。刚刚出发的第三天，他在德克萨斯州的首府奥斯汀打来电话，兴奋地对我说这里有写过《最后一片叶子》的作家欧·亨利博物馆，而在昨天经过孟菲斯城时，他参谒了摇滚歌星猫王的故居。

我羡慕他，也支持他，年轻时就应该去远方漂泊。漂泊，会让他见识到他没有见到过的东西，让他的人生半径像水一样蔓延得更宽更远。

我想起有一年初春的深夜，我独自一人在西柏林火车站等候换乘的火车，寂静的站台上只有寥落的几个候车的人，其中一个像是中国人，我走过去一问，果然是，他是来接人。我们闲谈起来，知道了他是从天津大学毕业到这里学电子的留学生。他说了这样的一句话，虽然已经过去了十多年，我依然记忆犹新："我刚到柏林的时候，兜里只剩下了10美元。"就是怀揣着仅仅的10美元，他也敢于出来闯荡，我猜想得到他为此所付出的代价，异国他乡，举目无亲，餐风宿露，漂泊是他的命运，也成了他的性格。

我也想起我自己，比儿子还要小的年纪，驱车北上，跑到了北大荒。自然吃了不少的苦，北大荒的"大烟炮儿"一刮，就先给了我一个下马威，天寒地冻，路远心迷，仿佛已经到了天外，漂泊的心如同断线的风筝，不知会飘落到哪里。但是，它让我见识到了那么多的痛苦与残酷的同时，也让我触摸到了那么多美好的乡情与故人，而这一切不仅谱就了我当初青春的谱线，也成了我今天难忘的回忆。

没错，年轻时心不安分，不知天高地厚，想入非非，把远方想象得那样好，才敢于外出漂泊。而漂泊不是旅游，肯定是要付出代价的，品尝人生的多一些滋味，也绝不是如同冬天坐在暖烘烘的星巴克里啜饮咖啡的一种味道。但是，也只有年轻时才有可能去漂泊。漂泊，需要勇气，也需要年轻的身体和想象力，便收获了只有在年轻时才能够拥有的收获，和以后你年老时的回忆。人的一生，如果真的有什么事情叫作无愧无悔的话，在我看来，就是你的童年有游戏的欢乐，你的青春有漂泊的经历，你的老年有难忘的回忆。

一辈子总是待在舒适的温室里，再是宝鼎香浮，锦衣玉食，也会弱不禁风，消化不良的；一辈子总是离不开家的一步之遥，再是严父慈母、娇妻美妾，也会目短光浅，膝软面薄的。青春时节，更不应该将自己的心锚一样过早地沉入窄小而琐碎的泥沼里，沉船一样跌倒在温柔之乡，在网络的虚拟中和在甜蜜蜜的小巢中，酿造自己龙须面一样细腻而细长的日子，消耗着自己的生命，让自己未老先衰变成一只蜗牛，只能够在雨后的瞬间从沉重的躯壳里探出头来，望一眼灰蒙蒙的天空，便以为天空只是那样的大，那样的脏兮兮。

青春，就应该像是春天里的蒲公英，即使力气单薄、个头又小，还没有能力长出飞天的翅膀，借着风力也要吹向远方；哪怕是飘落在你所不知道的地方，也要去闯一闯未开垦的处女地。这样，你才会知道世界不再只是一扇好看的玻璃房，你才会看见眼前不再只是一堵堵心的墙。你也才能够品味出，日子不再只是白日里没完没了的堵车、夜晚时没完没了的电视剧和家里不断升级的鸡吵鹅叫、单位里波澜不惊的明争暗斗。

尽人皆知的意大利探险家马可·波罗，17岁就曾经随其父亲和叔叔远行到小亚细亚，21岁独自一人漂泊整个中国。美国著名的航海家库克船长，21岁在北海的航程中第一次实现了他野心勃勃的漂泊梦。奥地利的音乐家舒伯特，20岁那年离开家乡，开始了他维也纳的贫寒的艺术漂泊。我国的徐霞客，22岁开始了他历尽艰险的漂泊，行万里路，读万卷书……当然，我还可以举出如今被称为"北漂一族"——那些生活在北京农村简陋住所的人们，也都是在年轻的时候开始了他们的最初漂泊。年轻，就是漂泊的资本，是漂泊的通行证，是漂泊的护身符。而漂泊，则是年轻的梦的张扬，是年轻的心的开放，是年轻的处女作的书写。那么，哪怕那漂泊是如同舒伯特的《冬之旅》一样，茫茫一片，天地悠悠，前无来路，后无归途，铺就着未曾料到的艰辛与磨难，也是值得去尝试一下的。

我想起泰戈尔在《新月集》里写过的诗句："只要他肯把他的船借给我，我就给它安装一百只桨，扬起五个或六个或七个布帆来。我决不把它驾驶到愚蠢的市场上去……我将带我的朋友阿细和我做伴。我们要快快乐乐地航行于仙人世界里的七个大海和十三条河道。我将在绝早的晨光里张帆航行。中午，你正在池塘洗澡的时候，我们将在一个陌生的国王的国土上了。"那么，就把自己放逐一次吧，就借来别人的船张帆出发吧，就别到愚蠢的市场去，而先去漂泊远航吧。只有年轻时去远方漂泊，才会拥有这样充满泰戈尔童话般的经历和收益，那不仅是他书写在心灵中的诗句，也是你镌刻在生命里的年轮。

拥你入睡

儿子上初一以后，忽然一下子长大了。换内裤，要躲在被子里换；洗澡，再也不用妈妈帮助洗，连我帮他搓搓后背都不用了。

我知道，儿子长大了，像日子一样无可奈何地长大了。原来拥有的天然的肌肤之亲和无所顾忌的亲昵，都被儿子这长大拉开了距离，变得有些羞涩了。任何事物都有一些失去，才有一些得到吧？

有一天下午，儿子复习功课，累了，在我的床上看电视。实在是太累，刚看了一会儿眼皮就打架了。他忽然翻了一个身，倚在我的怀里，让我搂着他睡上一觉，迷迷糊糊中嘱咐我一句："一小时后叫我，我还得复习呢！"

我有些受宠若惊。许久许久，儿子没有这种亲昵的动作了。以前，就是一早睡醒了，他还要光着小屁股钻进你的被窝里，和你腻乎腻乎。现在，让你搂着他像搂着只小猫一样入睡，简直是天方夜谭了。

莫非懵懵懂懂中，睡意蒙眬中，儿子一下子失去了现实，跌进了逝去的童年，记忆深处掀起了清新动人的一角？让他情不由己地拾蘑菇一样拾起他现在并不是想拒绝的往日温馨？

儿子确实像小猫一样睡在我的怀里。均匀的呼吸，胸脯和鼻翼轻轻起伏着，像春天小河里升起又降落的暖洋洋的气泡。

我想起他小时候，妈妈上班，家又拥挤，他在一边玩，我在一边写东西，玩着玩腻了，他要喊："爸爸，你什么时候写完呀？陪我玩玩不行吗？"我说："快啦！快啦！"却永远快不了，心和笔被拽走得远远的。他等不及了，就跑过来跳在我的怀里带有几分央求的口吻说："爸爸！我不捣乱，我就坐这儿，看你写行吗？"我怎么能说不行？已经把儿子孤零零地抛到一边，寂寞了那么长时光！我搂着他，腾出一只手接着写。

那时候，好多东西都是这样搂着儿子写出来的。他给我安详，给我亲情，给我灵感。他一点儿也不闹，一句话也不讲，就那么安安静静倚在我的怀里，像落在我身上的一只小鸟，看我写，仿佛看懂了我写的那些或哭或笑或哭笑交加的故事。其实，那时他认识不了几个字。有好几次，他倚在我的怀里睡着了，睡得那么香那么甜，我都没有发现……

以后我常常想起那段艰辛却温馨的写作日子，想起儿子倚在我怀中小鸟一样静谧睡着的情景。我觉得我的那些东西里有儿子的影子、呼吸，甚至睡着之后做的那些个灿若星花的梦境……

儿子长大了。纵使我又写了很多比那时要好的故事，却再也寻不回那时的感觉、那一份梦境。因为儿子再不会像鸟儿一样蹦上你的枝头，那么纯真天籁般倚在你的怀里睡着了。

如今，儿子居然缩小了一圈，岁月居然回溯几年。他倚在我的怀里睡得那么香甜、恬静。我的胳膊被他枕麻了，我不敢动，我怕弄醒他，我知道这样的机会不会很多甚至不会再有，我要珍惜。我格外小心翼翼地拥着他，像拥着一支又轻又软又薄又透明的羽毛，生怕稍稍一失手，羽毛就会袅袅飞去……

并不是我太娇贵儿子，实在是他不会轻易地让你拥他入睡。他已经长大，嘴唇上方已经展起一层细细的绒毛，喉结也已经像要啄破壳的小鸟一样在蠕动。用不了多久，他会长得比我还要高，这张床将伸不开他的四肢……

蓦地，我忽然想起儿子小时候曾经抄过的诗人傅天琳的一首诗，其中有这样几句：

> 你在梦中呼唤我呼唤我
>
> 孩子你是要我和你一起到公园去
>
> 我守候你从滑梯上一次次摔下
>
> 一次次摔下你一次次长高
>
> 如果有一天你梦中不再呼唤妈妈
>
> 而呼唤一个陌生的年轻的名字
>
> 那是妈妈的期待妈妈的期待
>
> 妈妈的期待是惊喜和忧伤

　　我禁不住望望儿子，他睡得那么沉稳，没有梦话，我不知他在睡梦中此刻是不是在呼唤着我？我却知道会有这么一天，拥他入睡的再不是我，而在他的睡梦中更会"呼唤一个陌生的年轻的名字"。亲爱的儿子，那将如诗人所写的，是爸爸的期待，爸爸的期待是惊喜又是忧伤。哦，我亲爱的儿子，你懂吗？此刻的睡梦中，你梦见爸爸这一份温馨而矛盾的心思了吗？……

　　一个小时过去了，我没有舍得叫醒儿子。

生日的翅膀

儿子提出今年的生日不在家里过，要自己和同学们一起过。

十六次生日，他都是在家里和我和他妈一起过的，第一次，他要离开家，离开我和他妈妈，自己去过了。

儿子小的时候，都是我和他的妈妈给他过的生日。那是我们仿照安徒生的做法，是我从书上选来的。安徒生曾经在一个叫作犹特拉金的林区住过一段时间，他为林务区长七岁的小姑娘过生日的方法很独特：他在林子里每一棵蘑菇下藏着一件小东西，或是一块包着银纸的糖果，或是一枚别致的顶针，或是一条丝带、一个红枣。在小姑娘生日的那天清早，他把小姑娘带来到林子里，告诉她："我送你的生日礼物就在这林子里，你去找吧！"当小姑娘从那蘑菇底下找到这些神奇的礼物时，可以想见是多么惊喜万分。

我和儿子的妈妈在他生日的那一天，也是这样买来一些巧克力、泡泡糖、书、笔、小玩具一些零零碎碎的东西，分别藏在房间的每个角落：被褥下、枕头旁、书柜间、沙发垫底，乃至他自己的小书包里……我不拥有犹特拉金那一葱茏的森林，也无法寻找那一簇簇肥硕鲜美的蘑菇，我拥有的只有如同安徒生一样童话般的心。我希望儿子一样拥有这样童话般的心，让他接受的生日礼物染上童话般的色彩。

儿子在房间的各个角落里找到这些生日礼物时，和林务区长七岁的小姑娘一样惊喜万分。虽然，这些小东西都不值什么钱，而且都是孩子司空见惯的，但他觉得比生日蛋糕等任何礼物都要兴趣盎然、新奇有趣。那些充满安徒生童话氛围的生日，给儿子也给全家带来多少欢乐。那时，老奶奶还在世，望着孩子找到生日礼物兴奋跳跃的样子，老脸乐成一朵金丝菊……每年快到儿子生日的时候，是全家最高兴的时候，儿子盼望，全家人也在盼望，它给全家带来平日难得的温馨。

　　这种依样画葫芦的方法，一直用到儿子上中学。那曾是我们颇为骄傲也颇为吸引儿子的专利。记得初一的时候，儿子还央求我和他妈妈："再给我像安徒生那样过一次生日吧！"我那时很为自己从安徒生那里学到的方法而得意，它让儿子留下美好而难忘的印象。但我忽略了，童年再长也有结束的时候，盼望孩子长大，又惧怕孩子长大，永远是家长矛盾的心理。大概就是从那个时候，儿子的心理发生了重要的变化，他要将他的生日度过的方式从家里划出来据为己有，他要将他的生日变为一只鸟从笼中飞到一片新的天地，而和我们告别。而今这一天终于到来，儿子要自己去过生日去了。他不再需要安徒生，不再需要童话，不再需要蘑菇底下的小把戏……也不需要我和他的妈妈。

　　我知道，儿子长大了，随日子一起长大了，但多少心里有些失落。

　　儿子的这次生日，早在半个多月前就开始和同学们紧锣密鼓地筹备了。自己动手，比在家里我们帮他过生日要认真，也要有兴趣得多。他们找到一家小饭馆，物美价廉，环境也不错。那一天生日的时候，他一清早就出去了，准备先到北海划船，然后再去聚餐。那些同学也早就一个电话接一个电话打来，热线联系，为他准备好了生日礼物。热闹的电话铃声伴随着热烈的交谈，生日的气氛早早就弥漫开来。自己动手为自己过第一个生日，儿子跃跃欲试，兴奋异常。

　　一位同学为了他这个生日，本来全家要到北戴河去避暑疗养，任爸爸妈妈一劝再劝，愣是忍痛割爱，毫不犹豫，留下来陪他。另一位同学和家人在西安度假，电话里得知他的生日，自己提前赶在他生日的那一天回到北京。而又一位同学怎么找也找不到，以为刚放暑假时曾经对她讲过的生日的事她忘记了，便不抱希望。谁知生日的前一天晚上，这位同学打来电话，她是特意从老家赶回来的，刚刚进家门……

这就是孩子！只有孩子才会这样的热情，这样的认真，这样的纯真，将一个普通的生日做了一种友谊、一种承诺、一种象征。如果我是儿子，知道有这么些同学如此对待自己的生日，我也会毫不犹豫地离开家和同学们聚会在一起。当我知道这一切，我不再责备儿子，而是有些羡慕他，甚至隐隐的嫉妒。

家中的父母为他准备的生日再美再好，安徒生的童话再新再奇，难有同学之间这种情谊和氛围。孩子的天地不再像小时候那样只是家这样狭小，而是越来越宽阔。一只鸟，哪怕你把它装进再精美的笼中，备上再充足的雨露和食品，它也难得拥有在树枝间、在树林间的欢乐，那是只有在风中飞动的难以言说的风光，和从叶子间筛下的绿色阳光跳跃的韵律。

生日那天，儿子和他的同学在那家小饭馆里一直热闹到很晚。第一次他的生日，家里缺少了他，一下子显得冷清了许多，让我情不自禁地想起以往儿子生日时家里拥有的美好欢乐的时光。奶奶不在了，儿子长大了，家清净了，我们也就老了。说心里话，我的心里多少有些伤感。孩子，有时候在家里就起着这样举足轻重的作用，他让日子充满生命的气息，他让岁月流淌情感的律动。

夜已深深，灯火阑珊，儿子还没有回来。但我可以想到儿子那里此刻正热闹非凡，聚会正在高潮，点燃着的生日蛋糕上的红红的蜡烛在跳跃着生命的火焰，和那里洋溢着只有青春才会拥有的活力、朝气和欢乐。我知道，这是家里无法给予他的。家里可以给予他无限的温馨、欢快和富有，却难以给予他这些。一片叶子即使在再温煦柔和的风中也难奏响悦耳的乐章，只有一棵树上那一片片叶子聚合在一起，才会在风中飒飒细语，诉说着不尽的话题，摇响着一片他们彼此听得懂的动人的音乐……

那天晚上十一点多的时候，儿子在那家小饭馆里给我打来一个电话，嘤嘤的话筒里，可以听得见清脆的欢笑声，想来儿子他们玩得正开心。儿子告诉我：他们正聊到兴头上，他想今天晚上不回家住了，他要到一个同学家去住，可以接着兴致勃勃地聊个海阔天空。他问我行吗？我该怎样回答？我能说不行吗？我虽然有些不大情愿，有些无可奈何，但最后我还是答应了儿子生日这一天唯一向我提出的要求。

即使我多少有些伤感，但孩子毕竟已经长大了，比我们想象得要飞快地长大。花朵谢去了，果子才冒出来；依赖退去了，孩子成熟了。再美好温暖的家，也只是孩子成长的第一站，孩子总是要像鸟一样离开家飞走的。再完美无缺的家，也不会是孩子翱翔的天空，我知道这时候送给孩子最好的生日礼物，就是送他一副飞翔的翅膀。

【写作提示】

开门见山和迂回法

——文章的结尾

在我看来，文章的开头，最好是开门见山，不要绕弯兜圈子，说一些云山雾罩的多余的话。但是，总是开门见山，简单倒是简单了，却确实也容易作法雷同，审美疲劳，很难吸引自己，也很难吸引他人。

那么，还有什么方法吗？这里举两个例子，试探他法。

一个是《花布和苹果》。这是一篇童年往事，写我住的大院里，曾经有过一对恩爱夫妻。他们之间发生的故事，最让我难忘的是一个细节，丈夫为妻子削苹果的方法与众不同，他每次削下的苹果皮，都是完完全全地连在一起，弯弯曲曲地从苹果上一圈圈地垂落下来，像是飘曳着一条长长的红丝带。而且，这样削苹果的绝技，从年轻的时候一直到老，始终如一，一直到他的妻子去世之际。无论花好月圆的时候，还是生活遇到波折乃至妻子患病垂危的时候，丈夫都坚持为妻子这样削苹果。说实在的，什么事情，能够坚持一辈子，都是非常不简单的，令人敬佩的。

这个苹果的故事，一直在我的脑海里盘旋，很多年以来，一直都想把它写出来，但我一直没有舍得下笔，因为我不愿意照本宣科一样把这件事随便地说出来，我觉得轻易的笔触会亵渎了这一对老夫妻一生那美好而难得的情愫。我希望能够找到一个更合适同时更文学的方式，再现并抒发如今稀薄难再的美好浪漫的情愫。那一个红苹果，对于我而言，始终是一幅画面，是一个富有诗意的象征。

一直到有一天，我偶然之间读到了一首描写花布的短诗。这首诗，写花布的一生，有簇新鲜艳的时候，也有颜色褪尽最后变成抹布的时候。爱上花布是容易的，始终如一爱花布的一生，是不容易的。这首拟人化并带有象征色彩的诗触动了我，电闪一般，立刻照亮了我记忆中的那个红苹果。

我想，如果说爱上花布是容易的，始终如一爱花布的一生是不容易的话，那么，始终如一能够为自己的爱人削苹果，而且把苹果皮削得一直都完完全全地连在一起，弯弯曲曲地垂落下来，像是飘曳着一条长长的红丝带，就更不容易了。当我想到了这一点，我觉得积蓄在心头那么多年的关于红苹果的故事可以动笔了。因为我找到了和苹果相辉映的对应物，即花布。它们两者之间的比对，比单纯写苹果要多了很多的说辞和联想以及感慨，一对恩爱一生的老夫妻之间的感情，便不会只是削苹果一样的简单，而充满更为丰富尤其是人生中艰难困苦的内容，那便是我在文章最后说的："对于爱情和人生，花布从鲜艳的布料到抹布的一生，如果像是散文，象征着现实主义的话，那么，苹果始终如一能够将皮削成一条长长不断线的红丝带，则像是诗，象征着浪漫主义了，我们需要向花布示爱，更需要向苹果致敬。"可以说，这段带有总结意味的话，完全是从那首诗中延伸而来的。

于是，文章的开头，自然选用了那首写花布的诗。它是文章的向导，是苹果的隐身。文章中心是写苹果，却没有先急忙着墨于苹果，而是先说花布，便会使读者想到为什么先说花布呢？苹果到底是怎么回事呢？增添一些文章的可看性。可以使得文章的开头有了一些变化。我们的同学可以试一下这样的方法，就是王顾左右而言他，就是迂回法，如同双人花样滑冰中，先滑一个狐步，再将你心中重要的地方，像托举你的舞伴一样托举出来。

　　文章的开头，应该有多种作法，迂回法只是其中一种，而且是根据文章内容和体裁的需要而采用的方法。不同的内容，不同的体裁，适用不同的方法。不过，如果一时找不到更合适更好的方法，就像我开头所讲的，开门见山就是最好最方便的方法，我的很多文章用的都是这样开门见山的方法。有时候，这不见得就是退而求其次的无奈，而是一种简便易行而且合适的法子，不要不分青红皂白，什么开头都要出奇制胜。人为做作的开头，还不如开门见山，就如同浓妆艳抹，还不如素面朝天。

前面遭遇塌方

那一年秋天去九寨沟。路上，大家的情绪非常好，几乎一路都在唱歌，车厢里快成了音乐厅。我们乘坐的是一辆大轿子车，开车的是一个眉清目秀的成都小伙子，他一言不发，微微笑着，平稳地开着车。

黄昏的时候，突然下起了大雨。一时间，雨幕和暮色叠加在一起，像蝙蝠的翅膀一样压来。走着走着，车子忽然停了下来。我抬起头望望窗外，发现前面蜿蜒的山路上早已长蛇一般停了好长一串的车子。下车一打听，才知道前面的路因为大雨的缘故塌方了，路面一下子变窄了，而且非常滑。刚才，一辆运木材的大卡车连人带车滚进了道旁的江里，一眨眼的工夫就淹没在湍急的漩涡中，连影子都找不着了;紧跟着，另一辆卡车也掉了下去，幸好被半山腰的树卡住，人们正在搭救司机。大家都担心起来，今晚还能不能到达九寨沟呀?

终于，前面的车子一辆辆蜗牛一样移动起来。等我们开到事故发生的地点时，两个多小时已经过去了。天彻底黑了下来，雨却没有停。车窗外，那辆卡车黑乎乎的，还卡在半山腰的树上。前面的路越发显得窄，大概只能够勉强过一辆车，又正好是一个拐弯，无形中增加了行车的难度。可怕的是靠近江边的一侧还有塌方，只要车轮稍稍打偏一点，车子就有可能一下子滑进江中。

司机停住车，打开车门，回过头说："大家都下车吧，先走过去，在前面等我。"

满车的人都乖乖地下了车，撑起了雨伞，小心翼翼地往前走。只见司机坐在驾驶座上，双手紧紧地握着方向盘，两眼直直地望着前方。雨刷使劲地刷着，车灯明晃晃地照着，前面的雨水、山石和树木，阴森森的，格外瘆人。

车子开动前，我犹豫了一下，下车还是不下？……咬咬牙，我就一屁股坐了下来。

司机回头叫我："快下车！太危险！"

我没下车，走到他的旁边坐下来。他看了看我，没再说话，只是伸出手拉了拉我的手。他的手心里全是冷汗，我的手心里也一样。

车子启动了。我看得很清楚，前面的路窄得像是鸡脖子。方向盘在他的手中不停地转动着，他的脚不时地踩着刹车。车子缓慢地移动着，不是在走，简直是在爬，一步步小心谨慎地蠕动着，稍不留神，就有可能出危险。尤其是过江边塌方的地段时，司机把车紧紧地贴近山的一侧。整条岷江就在我们的左侧晃悠着，肆无忌惮地咆哮着，随时都有可能把我们连人带车一起揽进它可怕的怀中。我的心都要蹦出嗓子眼儿了，两眼紧闭，心里想，现在再想下车也来不及了，豁出去了吧！

我不知道他是怎么过这个险关的，只觉得车子颠簸了一下，然后是一个转弯，就飞快地加速，箭一般蹿出了好长一段路。后来就听见他一连串地按响了喇叭，又听见路边一连串的欢呼声。

我不知道以后还敢不敢再冒这样的险，当时是一个劲儿地后怕。那一晚大雨中的山道和江水，还有那位司机，实在让我终生难忘。我不知道他后怕不后怕，但在当时，他的沉稳果断却是一车人所不具备的。一个人的性格会在平常的日子里显现出来，一个人的品格却在关键时刻尤其是危险的时刻更为凸显，那是一个人生命最鲜亮的底色。那天夜里到达九寨沟后，我半宿都没睡安稳，总好像还在颠簸的车上一样。第二天晚上，为了给大家压惊，我们在诺日朗旁边举办了晚会，大家的歌声此起彼伏。不知谁看见我们的那位司机坐在角落里默默地听大家唱歌，就喊了起来，请他无论如何也得唱一个。大家热烈地鼓起掌来。他没推辞，走到台前，说："可以，但我得请一个人和我一起唱。"我没有想到，他请的是我。我和他一起唱了一首《草原之夜》，令我更没有想到的是，他唱得非常好听。

简洁是最美的生活

简洁不是简单。简单，有可能是贫乏或单薄，甚至有可能是可怜巴巴的寒酸。简单，如同枯树枝干，只能够用来烧火，别无他用。

简洁也不是我们传统意思上艰苦朴素中的朴素。朴素，当然也是一种很好的品质，但朴素很可能是洗旧的衣服，被阳光晒得发白而缺少了应该具有的色彩。

简洁的洁，不仅仅是干净的意思，这里的洁，包括着美的意味。因此，对比简单或朴素，简洁体现更多的是美，而这种美不是唐朝美人那种臃肿肥胖的美，而是那种以简洁线条勾勒出来的现代美。

简洁所呈现出的美，是齐白石和八大山人用最少的笔墨留出最大的空白所画出的写意式的美，是米罗和蒙德里安以干净爽朗的线条色彩和几何图形所构筑的象征性的美。

"忽如一夜春风来．千树万树梨花开"，不是简洁；"行到闲荷无水面，红莲沉醉白莲醺"，更不是简洁。"两个黄鹂鸣翠柳，一行白鹭上青天"，就是简洁；"一去两三里，烟村四五家"，就是简洁。

简洁，对应的不仅是物化的奢侈豪华，同时也是精神的杂乱无章。千树万树，沉醉醺醺，正是生活坐标系简洁所对应的那奢靡的一极。现代的生活，拜物教的侵蚀，犬儒主义的盛行，人们越来越崇尚物质的占有和享乐，酒池肉林，娇妻美妾，香车豪宅，千金买笑，百杯买醉……欲望像是追求的无底洞，贪婪成了成功的光荣花，赚钱变为了人生第一的需要和幸福的唯一标志。人为物役，钱为君主，心被挤压得千疮百孔尘垢重重，离简洁怎么能不越来越远？甚至以简洁为丢脸而不屑一顾，视简洁为简单而不值一提，就是很自然的事情，一点不足为奇。

不要说那些贪官污吏，那些大款富婆，他们的日子已经发霉，他们生活的字典里早没有了简洁的字眼，酒嗝中散发着腐臭的气味。就是在我们普通人的日常生活中，和简洁也越来越背离，将简洁越来越遗忘，这是非常可怕的事情。

在我看来，起码有这样三点，一是我们的吃饭，越发变得繁文缛节起来，为吃饭花的心思、浪费的人力物力，不计其数。二是房屋的装修，越发不知节度，巴洛克雕饰罗马柱，红木家具羊皮欧式灯，以豪华以金碧辉煌为蔓为荣。三是女人的打扮，脸上化妆的脂粉越发厚重，走起路来粉末飞扬，手上脚上的金银饰品越发繁多，不走路都叮咚作响，不是为了点缀而是为炫耀。这些早已和简洁背道而驰，可是我们还以为这样的生活就是我们所期望的幸福和美的生活。

简洁的生活，看似简单，其实是多么的不容易做到，即使我们只是普通人。因为我们就被这样崇尚奢华制造奢靡繁衍奢侈的生活包围着，"暖风熏得游人醉，直把杭州当汴州"，要想跳出这样的包围，该需要多么坚定的定力。

这种定力，就是要求我们认定：简洁的生活，其实是最美的生活，这是因为这种美里包含着对现代越发堕落的生活的沉淀，沉淀下那些侵蚀我们的杂质和腐蚀剂。

简洁，有时能够产生意想不到的奇迹。就像毫不值钱的麦秸，简洁几下，可以做成漂亮的麦秸画；就像毫不起眼的石头，简洁几斧头，可以做成精美的雕塑；就像毫无色彩的芦苇，却可以做成洁白的纸张；就像毫无分量的竹子，只要简洁地凿几个眼，可以做成能够吹出美妙旋律的笛子。

　　没错，简洁的生活，其实是以少胜多的生活，少的是我们对物质的贪得无厌，少的是对心灵和精神自由展开的空间，让我们的心里多一些音乐般美好的旋律。

　　简洁，看起来是生活的一种方式，是审美的一种要求；其实，更是现代精神自由的一种体现，是价值系统平衡的一个支点。

红楼选秀与大众文化

一场因重拍电视剧《红楼梦》而进行的全民参与的选秀活动，热火朝天地拉开帷幕。举办方和参与者都热情有加，街头随机参访行人，每人都有自己心目中的红楼梦中人的向往和形象演绎准则。除《红楼梦》的魅力之外，也足见大众文化的魅力和影响力。此次媒体再次参与了大众文化的创造，并调动受众一起参与，才创造出了这样全民狂欢的神话。

可以说，这次红楼选秀是以前曾经红火过的超级模仿秀的延续或变种，两者最大的区别，在于以前模仿者的角色之间没有关系，还只是单兵作业；而今天因《红楼梦》是一部大戏，所模仿的角色便自然而然使得彼此有了联系，不仅增加了戏剧性，无形中还调动起人们童年过家家般的游戏性。和刚刚红火过的超女相比，它不需要超女年龄和唱功两项基本要求，只要有对《红楼梦》中人物形象与性格的基本把握，就行了，无论长幼男女，入门门槛很低，其娱乐性和参与性便更加强烈，更加便当，可以说超过了以往超级模仿秀或超女等任何秀场。

不管最后《红楼梦》是拍还是不拍，拍得好坏，都已经不是这场活动的主旨；不管参与者的目的是为了对生活和现实的逃避或解脱，还是一种走火入魔的满足感，或是梦想的一条成功的捷径，也都不是这场活动所要和所能够承载的。关键在于这场选秀活动，让受众看到了比电视剧《红楼梦》更好看好玩，也更真实更平民化更充满想象力的一面。这便是大众文化的力量，它以崭新的形式，让媒体与受众一起互动，创造了一个想象的共同体和嘉年华的游乐场，为单调的电视节目和枯燥的日常生活增加了色彩。

这确实是一个媒体左右社会想象，为你造白日之梦的时代。尽管这样的白日梦任何一个参与者都明白带有一目了然的游戏色彩，但是，人们认同这种游戏色彩，并乐此不疲地参与这样的游戏，这个选秀过程，已经超出了游戏的范畴，成为了大众文化所创造的后现代一种新的文本。这个文本的意义，一方面在于原像与镜像矛盾的凸现，一方面在于现实生活和虚幻界限的模糊。前者隐现着人们内心的矛盾，后者彰显着人们梦想的渴望。一部古典的《红楼梦》，便这样和今天的人们迅速而无障碍地链接在了一起，只要你愿意参加，每个人都可以被怀疑或被认为是梦中人，你自己更可以有强烈而主观的对梦中人的认同感。一部《红楼梦》便不再是梦，而成为了生活的真实；《红楼梦》中的诸多人物，不再活在艺术中或活在屏幕上面，或活在学者的权威诠释里，而可以"旧时王谢堂前燕，飞入寻常百姓家"，是你自己或你自己的影子或你自己的一种选择。只有这样后现代的大众文化文本，才有可能借助我国文化元典，又融入现代时尚，再调动全民的参与，为我们创造出这样的可能性，将一锅《红楼梦》的百年老汤，重新搅拌出新的味道和滚沸的热气来。

这场红楼选秀最值得我们重视的意义，还在于那么多普通人在选秀过程中，如数家珍般对《红楼梦》书中某一个人物的认同。这是在世界的任何一个国家里都不会出现的现象，你能够想象在美国或在英国，能够也有这样一部经典之作，让全民一起那样熟稔并集中认同其中的任何一个人物吗？在这里，尽管我们可以看出一些参与者的一些简单而浅薄的盲目，和对于经典《红楼梦》认知的盲点，但是，应该看到这样值得我们高兴的事实，那便是加深了大众对《红楼梦》在历史文化传承中的价值与作用的理解，增强了中国人对传统经典认同的文化根性的定力。同时，我们也可以看到，经典束之高阁保持完整性是没有意义的，经典被利用才有意义。经典的学术研究，可以是少数人的事业，经典为大众所拥抱，才能够焕发出青春。一部《红楼梦》，经过这样多人热情的投入，才会重新演绎并创作出《红楼梦》新本出来，重拍《红楼梦》，是值得期待的。

如何面对重拍经典

今年是经典的重拍年，《三国》的电视连续剧刚刚揭开战幕，紧接着还有《红楼梦》、《西游记》和《水浒》的电视连续剧将要陆续上演，一举囊括了我国的四大名著，掀起一股前所未有的热潮。《三国》开演伊始，立刻鲜花和"板砖"齐飞，正说明人们对于电视剧的关注，其实更是对经典的关注。

经典之所以成为经典，是因为经典不属于个人，里面不仅包含整个民族对于历史的认知，也包含对于集体记忆的积淀和对于民族情感的寄托。因此，面对经典的重拍，很能够考验编导演，也能够考验观众：是对于经典艺术和电视现代艺术相互结合、彼此关照的考验；也是对于民族的集体记忆与情感温故而知新的考验。

因此，创新从来不是重拍经典之敌。这里所说的创新，包括对艺术和制作的现代化技术的双重投入。但是，这些创新的出发点一定来自经典本身，而并非对经典的背离，甚至完全的解构和颠覆。因为那样做，完全可以另辟蹊径，创作属于你自己的新品种，却已经和经典背道而驰。我国四大名著里，特别是《三国演义》，和历史交融更为密切，很多人都愿意用《三国志》来改造《三国》，以历史的名义来修订艺术，殊不知我们拍的是《三国》而并非《三国志》。重拍的新版《三国》，之所以遭到那么多的"板砖"，因为它颠覆了《三国》原著里扬刘抑曹的基本艺术主旨，将一个已经完全艺术化和民族化的白脸曹操，翻案为乱世里的一代英雄。尽管为其披挂了国家统一的一袭耀眼的红袍，但这样的曹操已经不是经典里的曹操，也不是民族记忆、大众情感、民间言说里的曹操。

重拍《三国》，将一世奸雄翻案为一代英雄。显而易见，大众心目渴望赋予刘关张主角人物身上的正义、仁义与道义，便有所弱化，乃至李代桃僵成为涂抹在曹操脸上的一道腮红。这样的颠覆，表面看是历史与艺术的错位，其实是我们如今对于政治与战争以及对于历史人物的价值观的新的认知和判断，自作主张地移植到了经典之中。

重拍经典，从来都是一条经久不衰的艺术之路，好莱坞重拍自己的经典不知有多少，而且近年重拍东方经典，可为其开辟新品种，开拓新市场。因此，重拍经典，从来都是好事，值得努力。只是我们对于重拍经典的认识，首先需要提高。颠覆和解构，并非是重拍经典创新的唯一之路。重拍经典，首先需要我们做的是对于经典的谦恭与尊重的态度，而不是我们一定比古人或前人高明。其次，重拍经典，需要我们艺术的积累和准备，不需要一窝蜂地扎堆儿，不需要抢占地盘一样先下手为强。好莱坞当年由费雯丽和盖博主演的电影《乱世佳人》，如今已经过去了71年，没有人敢涉足重拍，这是一种态度，因为尊重那曾经的一种高度，没有足够的积累和准备，不敢轻易去碰它。经典不是可以畅销至今的一块肥肉，如果说经典的价值，已经是我们的公共资源和财富，我们需要像爱护我们的公共绿地或文物一样珍惜它，而不是随意地占有它，轻而易举地撕裂它。

【写作提示】

从生活中找

——文章的结尾

有些文章的结尾，明显是做出来的，是为了结尾而结尾，最常见的两种，一为了首尾呼应，一为了点题。这在考试的作文中最常见，虽然不佳，却也因此可以最少丢分，甚至可以博得高分。

这样大同小异的结尾，使得我们的作文特别是考试作文不少是一无可观，因为这样的结尾常常是人云亦云的套话，是报纸社论的拷贝，是大人用惯的腔调，与同学们内心真实的感受相去甚远，甚至是背道而驰的。

但是，仅仅说结尾做出来不好，也不客观，因为文章都是做出来的，所以才叫做作文。好的结尾，也可以是做出来的，但那种做，不应该是不动脑筋的千篇一律粗糙的制作和仿作，应该很讲究，如同音乐里的尾声，如同戏剧里的最后一幕，或给人意外，或给人启发，或给人感喟，或给人余味……好的结尾，还应该是千姿百态的，如同花朵的开放，如同百鸟的鸣叫，不同的颜色，不同的声音，各显风情和风格。

我一直认为，好的结尾，从来不仅仅是做出来的，它最佳的状态，是像一股水流一样，随着文章自身的流动而流动，当行则行，当止则止。这样好的结尾，有时候确实是可遇而不可求的。

孤独的普希金

来上海许多次，没有去过岳阳路看过一次普希金的铜像。忙或懒，都是托词，只能说对普希金缺乏虔诚。似乎对比南京路、淮海路，这里可去可不去。

这次来上海，住在复兴中路，与岳阳路只一步之遥。推窗望去，普希金的铜像尽收眼底。大概是缘分，非让我在这个美好而难忘的季节与普希金相逢，心中便涌出许多普希金明丽的诗句，春水一般荡漾。

其实，大多上海人对他冷漠得很，匆匆忙忙地从他身旁川流不息地上班、下班，看都不看他一眼，好像他不过是没有生命的塑像，如身旁的水泥电杆一样。提起他来，绝不会有决斗的刺激，甚至说不出他哪怕一句短短的诗。

普希金离人们太遥远了。于是，人们绕过他，到前面不远的静安寺买时髦的衣装，到旁边的教育会堂舞厅跳舞，到身后的水果摊、酒吧间捧几只时令水果或高脚酒杯……

当晚，和朋友去拜谒普希金。天气很好，4月底上海不冷不燥，夜风吹送着温馨。铜像四周竟然了无一人，散步的、谈情说爱的，都不愿到这里来。月光如水，清冷地洒在普希金的头顶。由于石砌的底座过高，普希金的头像显得有些小而看不大清楚。我想更不会有痴情而又有耐心的人抬酸了脖颈，如我们一样仰视普希金那一双忧郁的眼神了。

此时，教育会堂舞厅中正音乐四起，爵士鼓、打击乐响得惊心动魄。红男绿女出出进进，缠绵得像糖稀软成一团，偏偏没有人向普希金瞥一眼。

我很替普希金难过。我想起曾经去过的莫斯科阿尔巴特街的普希金故居。在普希金广场的普希金铜像旁，即便是飘飞着雪花或细雨的日子里，那里也会有人凭吊。那一年我去时正淅淅沥沥下着霏霏雨丝，故居前，铜像下，依然摆满鲜花，花朵上沾满雨珠宛若凄清的泪水。甚至有人在悄悄背诵着普希金的诗句，那诗句便也如同沾上雨珠无比温馨湿润，让人沉浸在一种远比现实美好的诗的意境之中。

而这一夜晚，没有雨丝、没有鲜花，普希金铜像下，只有我和朋友两人。普希金只属于我们。

第二天白天，我特意注意这里，除了几位老人打拳，几个小孩玩耍，没有人注意普希金。铜像孤零零地立在格外灿烂的阳光下。

朋友告诉我：这尊塑像已是第三次塑造了。第一尊毁于日本侵略者的战火中，第二尊毁于我们自己的手中。莫斯科的普希金青铜塑像屹立在那里半个多世纪安然无恙，我们的普希金铜像却在短短时间之内连遭两次劫难。

在普希金铜像附近住着一位现今仍在世的老翻译家，一辈子专事翻译普希金、莱蒙托夫的诗作，在"文化大革命"中亲眼目睹了普希金的铜像是如何被红卫兵用绳子拉倒，内心的震动不亚于一场地震。曾有人劝他搬家，避免触目伤怀，老人却一直坚持住在普希金的身旁，相看两不厌，度过他的残烛晚年。

老翻译家或许能给这尊孤独的普希金些许安慰？许多人淡忘了许多往事，忘记当初是如何用自己的手将美好的事物毁坏掉，当然便不会珍惜美好的失而复得。年轻人早把那些悲惨的历史当成金庸或琼瑶的故事书，怎么会涌动老翻译家那般刻骨的思绪？据说残酷的沙皇读了普希金的诗还曾讲过这样的话："谢谢普希金，为了他的诗感发善良的感情！"而我们却不容忍普希金，不是把他推倒，便是把他孤零零地抛在寂寞的街头。

我忽然想起普希金曾经对于春天的诅咒——啊，春天，春天，你的出现对我是多么沉重……

还是给我飞旋的风雪吧，我要漫长的冬天的幽暗。

有几人能如老翻译家那样理解普希金呢？过去只成了一页轻轻揭去的日历，眼前难以抵挡春日的诱惑，谁还愿意去在凛冽风雪中洗涤自己的灵魂呢？

离开上海的那天下午，我邀上朋友再一次来到普希金的铜像旁。阳光很好，碎金子一般缀满普希金的脸庞。真好，这一次普希金不再孤独，身旁的石凳上正坐着一个外乡人。我为遇到知音而兴奋，跑过去一看，失望透顶。他的手中拿着一架微型计算机正在算账，很投入。他的额头渗了细细的汗珠。

我们又来到普希金像的正面，心一下子更被猫咬一般难受。石座底部刻有的"普希金（1799—1837）"字样中，偏偏"金"字被黄粉笔涂满。莫非只识得普希金中的"金"字吗？

我们静静地坐在普希金像旁的石凳上，什么话也说不出来。阳光和微风在无声流泻。我们望着普希金，普希金也望着我们。

冬夜重读史铁生

史铁生是去年年底离开我们的。今年这个时候，我的弟弟离开了我。在这种时候，别的书都看不下去，唯有铁生的书常常忍不住地翻看。我是把他们都当作自己的兄弟，十指连心的疼痛，弥漫在纸页间。

在《我与地坛》的开篇中，铁生先是这样写了一段地坛的景物："四百多年里，它一面剥蚀了古殿檐头浮夸的琉璃，淡褪了门壁上炫耀的朱红，坍圮了一段段高墙又散落了玉砌雕栏，祭坛四周的老柏树愈见苍幽，到处的野草荒藤也都茂盛得自在坦荡。"然后，他紧接着说："这时候想必是我该来了。"

他来了。他去了，又来了。每一次读到这里，我都格外心动。总觉得像电影一样，在地坛颓败而静谧的空镜头之后，他摇着轮椅出场了。或者，恰如定音鼓响彻在寂静的地坛古园里一样，将悠扬的回音荡漾在我的心里，注定了他与地坛命中契合难舍的关系。当代作家中，哪一位有如此一个和自己撕心裂肺打断了骨头连着筋的特定场景，从而使得一个普通的场景具有了文学和人生超拔的意义，而成为了一个独特的意象？就像陆放翁的沈园，就像鲁迅的百草园，就像约翰·列侬的草莓园，就像凡·高的阿尔。

我想起我的弟弟，17岁独自去了青海油田，在他临终前嘱咐家人一定要把他的骨灰撒回柴达木。我庆幸，他和铁生一样都能魂归其所，而不像我们很多人神不守舍，魂无所依。

在史铁生的作品里，母亲是一个最动人和感人的形象。母亲49岁的时候过早地离开了人世后，在《我与地坛》中，有这样两段描写。

一段是——"摇着轮椅在园中慢慢走，又是雾罩的清晨，又是骄阳高照的白昼，我只想着一件事：母亲已经不在了。在老柏树旁停下，在草地上在颓墙边停下，又是处处虫鸣的午后，又是鸟儿归巢的傍晚，我心里只默念着一句话：可是母亲已经不在了。把椅背放倒，躺下，似睡非睡挨到日没，坐起来，心神恍惚，呆呆地直坐到古祭坛上落满黑暗然后再渐渐浮起月光，心里才有点儿明白：母亲已经不能再来这园中找我了。"

一段是——"有一年，十月的风又翻动起安详的落叶，我在园中读书，听见两个散步的老人说：'没想到这园子有这么大。'我放下书，想，这么大一座园子，要在其中找到她的儿子，母亲走过了多少焦灼的路。多年来我头一次意识到，这园中不单是处处有过我的车辙，有过我车辙的地方也都有过母亲的脚印。"

后一段，体现了铁生的心地的敏感，从两个散步老人的一句简单而普通的话语里，涌出对母亲由衷的感恩和悔恨之情。敏感的前提，是善感。也就是说，是海绵才有可能吸附水分，水泥板花岗岩，哪怕是再华丽的水磨石方砖，是无法吸附水分的，而只能让哪怕再晶莹剔透的水珠凭空流逝。缺乏这样善感的心地与真情，使得不少写作成为搭积木和变魔术的技术活儿，或者化装舞会上和摆满座签的领奖席上花红柳绿的邀宠或争宠般的热闹。

前一段，排比句式的景物中几次慨叹："可是母亲已经不在了。"都会让我心沉重。在这样重复的喟然长叹中，那些景物：老柏树、草地的颓墙、虫鸣的午后、鸟儿归巢的傍晚，以及古祭坛上的黑暗与月光，才一一都有了意义，这意义便是这一切附着上母亲的身影。因此，可以说，地坛是史铁生的，也是母亲的，因有这样的一位母亲而让地坛具有带有伤感无奈却又坚韧伟大的别样情怀。

每次读到这里，我都会忍不住想起铁生在他的《记忆与印象》中的《一个人形空白》里的一段："我双腿瘫痪后悄悄地学写作，母亲知道了，跟我说：她年轻时的理想也是写作。这样说时，我见她脸上的笑……那样惭愧地张望四周，看窗上的夕阳，看院中的老海棠树。但老海棠树已经枯死，枝干上爬满豆蔓，开着单薄的豆花。"

如今，重读这一段，我想起铁生，也想起他的母亲，窗上的夕阳，枯死的老海棠树，老海棠树枝干上爬满的豆蔓，开着单薄的豆花，便一下子都成为了母亲那一刻百感交集又无法诉说的心情与感情的对应物，好像它们就是为了衬托母亲的心情与感情，故意立在院子里，帮助铁生点石成金。这是怎样的一位母亲呀，可以这样说，是母亲的悲惨命运和与生俱来的气质与情怀，造就了作家的史铁生。我坚定地认为，没有母亲，便没有史铁生的地坛。

忍不住，也想起我的母亲。母亲走得太早，那一年，我5岁，而弟弟才2岁。穿着孝服，我牵着弟弟的手站在院子里，院子里没有海棠树，没有豆蔓和豆花，只有一株老槐树落满一地槐花。

由生活具象而思考为带有哲理性的抽象，是铁生愿意做的，也是铁生作品的魅力，更是和我们一般写作者的区别，如同真正的大海一步迈过了貌似精致却雕琢的蘑菇泳池。他便从一己的命运扩大为更为轩豁的世界，而使得他的作品融有了思想的含量，不像我们的一样轻飘飘、甜腻腻，或皮相的花里胡哨。他爱说人间戏剧，而不是像我们那样自恋得只会舔自己的尾巴、弄自己的发型、扭自己的腰身和新书的腰封。

在《想念地坛》这则文章里，铁生想念地坛里的那些老柏树，他从它们"历无数春秋寒暑依旧镇定自若，不为流光掠影所迷"中，将其品质出人意料地抽象为"柔弱"。他进而说："柔弱是爱者的独信。""柔弱，是信者仰慕神恩的心情，静聆神命的姿态。"他说："倘若那老柏树无风自摇岂不可怕？要是野草长得比树还高，八成是发生了核泄漏——听说切尔诺贝利附近有这现象。"

　　由老柏树的"柔弱"，他写到世风的喧嚣，他说："惟柔弱是爱愿的识别，正如放弃是喧嚣的解剂。"之所以由"柔弱"写到"喧嚣"，还是要写地坛，因为地坛曾经可以是销蚀喧嚣回归宁静的一块宝地，一个解剂——"我说的是当年的地坛。"他特意补充道。

　　我不知道弟弟执着地梦回青海的柴达木，是否还是当年他17岁时的柴达木。我只知道他和铁生所说的"柔弱"一样，敏感而坚信，唯有那里是"爱愿的识别"，是"喧嚣的解剂"。

　　在《想念地坛》最后，铁生写道："靠想念去迈过它，只要一边过它便有清纯之气扑面而来。我已不在地坛，地坛在我。"这两句话，特别是最后一句"我已不在地坛，地坛在我"，如一只沉稳的铁锚，将地坛如一艘古船一样牢牢地停泊在新时期文学的岸边，也将思念深深埋在我的心里。

史可法的扬州

扬州，一直是我向往的地方。40多年前，我读到清人全祖望那篇著名的《梅花岭记》，看到他记述的史可法壮烈殉国的场面：大兵如林而至之际，忠烈乃瞋目曰："我史阁部也！"劝之降，忠烈大骂而死。死前，他留下遗言："我死当葬梅花岭下。"少年的心，被一腔壮怀激烈所燃烧。扬州，在我的心里，是史可法的扬州，是一地梅花怒放的扬州。

真的来到扬州，已经是十多年之后20世纪的70年代末。那时的扬州，没有如今那样多的高楼大厦，史可法墓前的护城河那样的清澈，河边的杨柳在夏日里浓荫四溢，为史可法祠堂遮挡着骄阳的炙烤，祠堂前的小路，水洗过一样干净而幽静。

只可惜，我来的季节不对，梅岭没有一朵梅花。

第二次来到扬州，是20年过后，1990年代末了。那是一次会议结束之后游览瘦西湖和个园，在参观个园的时候，我独自一人悄悄地溜了出来。记忆中史可法墓应该离个园不远，果然，往北一走，很快就到了护城河边，依然是杨柳依依，依然是小路幽幽，更奇特的是，祠堂里，梅岭下，依然只有我一个人。这样更好，可以独自一人和忠烈喁喁独语。和瘦西湖的游人若织相比，这里的空旷和幽静，也许正适合史可法。

还是没看得到梅岭的梅花，不过，没关系，好的风景，杰出的人物，遥远的历史，永远都在想象之中。

2009年的初春，我第三次来到了扬州。真的是和史可法和扬州有缘，来扬州前不久，在国家大剧院看过昆曲《桃花扇》，那里面有史可法率兵于梅花岭下"誓师"一段——史阁部言道：众位请起，听俺号令，你们三千人马，一千迎敌，一千内守，一千外巡。上阵不利，守城；守城不利，巷战；巷战不利，短接；短接不利，自尽。面对清兵的入侵史可法表现出的民族气节，让今人叹为观止，甚至汗颜。是他让扬州这座城市充满血性，荡漾着历史的波纹涟漪。

我一直以为，扬州区别于一般的南方城市，区别于那种小桥流水的婀娜多姿。由于地理的关系，它地处江苏的北大门，照史可法说是"江南北门的锁钥"。所以，扬州不仅具有江南一般小城女性的妩媚，同时具有江南一般小城没有的男性的雄伟。无疑，史可法为扬州注入了这样雄性的激素，壮烈的舍生取义，惨烈的扬州十日，让这座城市气吞吴越，拒绝后庭花和脂粉气，让扬州不仅有精致的扬州炒饭、扬州灌汤包子和扬州八怪，而且有了遥想当年铁马秋风把栏杆拍遍的想象空间，有了可以反复吟唱的英雄诗篇的清澈韵脚。

没错，史可法让扬州不仅是一幅画，而且是一首诗。

这次来因有朋友的陪伴和解说，看得更明白一些。享堂前的一副清人的抱柱联：数点梅花亡国泪，二分明月故臣心。古风盈袖，很是沉郁。梅花仙馆外另一副今人的抱柱联：万年青史可法，三分明月长存。嵌入史可法的名字，互为镜像，做今古的借鉴，令人遐思。享堂里有史可法的塑像，享堂后是史可法墓。墓前有石碑和牌坊，墓顶有草覆盖，被人们称之为"忠臣草"。

享堂西侧有晴雪轩，里面藏有史可法的遗墨。史可法的书法是真正的书法，草书行书都有，气遏行云，韵击流水。他的遗书最是让我心动，他的第三封遗书，仅仅三句："可法死矣！前与夫人有定约，当于泉下相候也！四月十九日，可法手书。"可以说是史可法短促一生中最精彩的绝句。墨迹点点，也是血迹斑斑，几百年来依然色泽如润，气韵如生，鲜活如昨。6天后，这一年，即1645年4月25日，史可法殉国。次年清明前一日，他的副将，也是他的义子史德威，在他誓师和血战的梅花岭下，为他筑墓立碑。但是，那只是史可法的衣冠冢。

走出晴雪轩，来到梅岭下，春梅未开，冬梅正残，断红点点，飘落枝头，有一种哀婉的气氛袭上心头。好在祠堂东侧桂花厅前，有紫藤和木香各一架，过些日子就会次第开花，一紫一黄，分外好看。到了秋天，祠堂大门前那两株古银杏树金黄色的落叶，会落满一地，落满祠堂的瓦顶，更是壮观。如果说梅花是史可法的灵魂，那满祠堂种植的紫藤、木香、银杏、桂花、芍药、葱兰，就都是扬州人的怀念和心情。

在扬州，还留下了这样特殊而别具情感的地名：史可法路、螺丝及顶街（摞尸及顶的谐音，当年史可法抗敌，巷战血拼时尸体一个摞一个到城墙顶），以及史可法曾经居住过的辕门桥。扬州人把对史可法的纪念渗透进他们的生活，刻印在他们走的路上和日子里，那是扬州人在心底里为史可法吟唱的安魂曲。

扬州，不管到什么时候，真的都是史可法的扬州。

莎士比亚书店

我一直有一个梦想，开一家小小的书店，取名叫"复兴书店"。去了巴黎左岸拉丁区的莎士比亚书店，这种愿望更加强烈。

莎士比亚书店赶不上卢浮宫或巴黎圣母院那样人流如织，但喜欢书籍和文学的人，那里是不可不去流连的地方。我一直以为，在巴黎的左岸，莎士比亚书店和黑猫咖啡馆是对称的两极，如同我们古典诗歌里的精美的比兴和对仗，让巴黎有了诗的韵味。

这两个地方，都曾经是作家艺术家常来的地方，当然，是那些潦倒的作家艺术家，绝对不是如今我们这里经常光顾摆满精致座签前或财富排行榜上的作家艺术家。但是，在这两个地方，却诞生了杰出的作家艺术家，比如乔伊斯便是诞生在莎士比亚书店，德彪西诞生在黑猫咖啡馆。那里充满艺术的气息和自由的呼吸，让巴黎这座城市海纳百川，真正的是大狗可以叫，小狗也可以叫。

从巴黎圣母院出来，本要去拉丁区看我曾经在北大荒的一位朋友在那里开的一家小店，谁想过了塞纳河没走几步，一眼就看见了莎士比亚书店，绿色的店铺门窗，如同春天的绿叶一样清新醒目，顿时立在那里，然后跑几步奔了过去。那感觉，有几分他乡遇故知的意思。想起在电影《爱在落日前》里第一次曾看到莎士比亚书店的样子，电影专门把两个分别多年的恋人安排在书店里见面，看两位恋人激动不已的样子，大概和我见到它的真容时差不多吧。

书店很小，到处堆满了书，从楼梯口到天花板。和我们这里的书店不一样，和台湾有名的诚品书店也不一样，我们的书店过于讲究，装潢修饰得如同光鲜的贵妇，或小资味道洋溢，让书和店一起都扮演装饰的角色。莎士比亚书店却呈书的本色，纷乱拥挤的书，如同家的柴门前随意堆放烧火用的木桦，也如同褪去华丽服装和妖冶笑靥的村妇，给你备好的是家常饭菜和浊酒老茶，有一种放翁诗中"浅倾家酿酒，细读手抄书"的亲切感觉。

那一天，店里客人不多，几个年轻人拿着书坐在书店外面的椅子上读书，和着书香。遗憾的是没有看见书店老板老乔治，只看到有一位年轻的女人安静地坐在一张书桌前。一定是老乔治的女儿。老乔治是68岁才得此宝贝女儿的，爷俩儿前仆后继经营着这家书店已经60余年了。想想居然可以把一家书店原封不动地经营了60多年，真的是个奇迹。

想起我们的书店。我们个体经营的书店不少已经关门，就不要奢望能够有半个多世纪历史的老书店了，让你感受岁月沉甸甸的沧桑，让你的怀旧心情有一个落脚的去处。如今的我们什么都是要讲究效益的，已经绝对不干老乔治这样赔本赚吆喝的买卖了。想当年，老乔治用500美元就盘下了这个寸土寸金的地方改造成了书店，如今更如天方夜谭一样令人瞠目了。不少精明人劝说老乔治父女赶紧改换门庭，将书店摇身一变为酒吧歌厅或餐馆。

但是，如今我们不是在讲文化的建设和发展吗？一座现代化的都市，如果仅仅有酒吧歌厅餐馆或摩天大楼，没有一个类似莎士比亚书店这样的老书店如一株老梅树顽强地摇曳着嶙峋老枝，这座都市只能是一个文化单薄的暴发户。

又想起我的"复兴书店"，尽管只是止步于心里而没有任何行动，却忍不住想象着开张60年之后的"复兴书店"的样子，即使窄小如豆，赶不上莎士比亚书店气派，起码也会是北京城的一景。

【写作提示】

踩着尾巴头会动
——从结尾写起

　　我一直觉得，一篇文章的结尾，比开头要重要得多。开头，即使没有出奇制胜，只要平易自然，就不会出大的毛病。结尾，太平则容易，让人觉得少了一股气韵。结尾最好是有起伏，所谓看山不喜平。这个起伏，我更看重的是生动形象体的，也就是我常说的，要看得见摸得着，一般不要轻易用理论的词代替这样富有气韵的起伏。

　　有时候，我的文章常常是先获得了一个好的结尾，便会喜不自禁，一下子觉得文章好写了，连整篇的结构布局都显得容易多了。俗话说：提纲挈领，我觉得对于写作而言，这个纲和领，不在于文章的开头，而在于结尾。结尾，是文章牵一发而动全身之处，所谓俗话说的，踩着尾巴头会动。

　　所以，有时候，文章既可以是顺着从开头写起的，但也是可以逆行从结尾写起的。这是写作的两种思路，有兴趣的同学，不妨试验一下，打通文章两脉，让我们上下相通。

　　以《孤独的普希金》为例，一年的春天，我在上海，和朋友先后两次去看矗立在岳阳路上的普希金铜像。第二次去的时候，忽然发现铜像底部的石座上，刻有普希金的三个字中的"金"字，被黄粉笔涂抹得很醒目，在阳光下格外刺眼。当然，这也许只是一个顽皮的小孩子的率性随意为之，很偶然的一个举动而已，并非有意。但在当时给我的印象很深，而且仿佛一下子被这个金光灿灿的"金"字所刺激。普希金三个字，为什么会这样偶然地单单把"金"字涂抹得如此金光灿灿呢？这和我们的拜金主义难道就一点关联都没有吗？当然，这只是我当时的联想而已。随后，我又想，即便真的一点关系都没有，对伟大的诗人普希金，也缺乏起码的尊重和了解吧？

想到这一点，我觉得可以写一篇文章了，这个用黄粉笔把普希金的"金"字涂抹得金灿灿的情景，就是这篇文章的结尾。

可以这样试想一下，如果没有这个结尾，前面的文章还是那样的做，一直到离开上海前第二次去看望普希金的铜像，抒发一下对他的敬仰和感叹之情而止于平淡的结尾，非常一般化的结尾。有了现在这样的一个结尾，文章不仅仅有了意想不到的起伏，更重要的是能够引发我们进一步的思考。

我就是先有了这样一个结尾，进而结构全篇的。前面所写的第一次看普希金的铜像的情景和心情，写在莫斯科的普希金广场上看普希金铜像的回忆和感慨，写上海这尊普希金铜像两次被毁的历史和老翻译家的故事，都是因这则结尾而选择出来的。这三件事的向心力，都源自结尾，或者说都指向结尾。因为无论第一件事——普希金铜像周围的嘈杂，人们对普希金的冷漠，还是第二件事——同为普希金铜像，莫斯科的与上海的对比，以及第三件事——关于铜像的历史和老翻译家的故事，都是想说明人们对于普希金的态度，其实就是对于生活对于艺术的态度。过去的时代也好，现实的生活也罢，结尾那种只对普希金的"金"感兴趣，就有了现实的原因，也有了历史的原因。

可以看出，这三件事的材料的选择和运用，是为结尾服务的，也可以说是缘于结尾而牵出来的。结尾，调动了我的思，沿着这个思路寻找到相应的材料而铺排成文。这就像到花市买花，我们已经有了一个思路，想买什么样的花，是为母亲节呢，还是为送朋友或送老师呢……花的选择就便捷得多，也会集中成一束而显得夺目得多。

第 7 堂课

善于捕捉细节

街上连狗的目光都变了

如今，走在街上，你会发现，来来往往的人们的目光，和以前大不一样。低头匆匆忙忙赶路的，他们的目光只停留在眼前的路上，那目光几乎是呆滞的。拇指一族打手机或发送短信的，他们的目光只停留在小小的手机上，那目光有时可以是旁若无人的，却几乎是隐晦的。也有一脸官司的，让你不敢和他那恼怒的目光相遇。也有满面狐疑的，让你看着他的目光感到恍惚。也有不少目光散失了焦点，如同没有缰绳的野马四处散逛。但是，看风景的很少，不少目光却是鬼鬼祟祟的，让你遇到他的目光，赶紧捂住自己的腰包，加快了自己的脚步。所以，前不久北京的公安部门提醒市民，当有人向你问路的时候，一定要和问路的陌生人保持距离，以防意外。

不管是宽阔的大街，还是偏僻而人少的小街，人们的目光越来越冷漠，越来越惶惑，越来越可疑。哪怕是最天真的孩子，遇到陌生人的目光，即使不像惊飞的小鸟一样立刻避开这样的目光，也会警惕地紧紧地拉住父母的手。

当然，大街上也常会看到热辣辣的目光，一般是男人投射到漂亮的女人身上，或者是女人投射在帅小伙或所谓成功人士的身上，但那更多的并不是真正爱情意义的目光，更多的则是欲望毫无遮拦的宣泄。含羞半敛眉，眼媚双波溜，是千载难逢，难得一遇了。彼此可以金是衣裳玉是身，却难是眼如秋水目如霜了。

在夜晚，由于城市的污染和高楼的林立，已经很难看到瓦蓝色的夜空和夜空中的星星了。天阶夜色凉如水，卧看牵牛织女星，那种和夜色一样清澈的目光，也很难看到了。灿烂的霓虹灯和街灯，以及一街扑朔迷离的车灯闪烁，彻底替代了夜空的银河，我们的目光可以在书上轻而易举地找到自己的星座，却再也看不到北斗七星倒转斗柄的奇迹了。我们的目光便如一盏酒杯，只盛下了满眼扑来的灯红酒绿。

在书中，我们的目光也变得近视，乃至猥琐，甚至攫取式的贪婪。我们的目光已经很难和安徒生格林兄弟的童话相遇，也很难和莎士比亚或易卜生的戏剧相遇。如果不是为了应付考试，大概也不会和我们的唐诗宋词握手言欢；如果不是为了选秀，大概也不会和《红楼梦》相见甚欢。我们的目光更多地投入到了考试的辅导教材，投入到怎么学开车怎么玩股票怎么发财怎么升官怎么应对老板的书的上面。我们渴望捷径渴望暴发渴望一夜成名，我们的目光便很难再相信童话会能够出现在眼前，莎士比亚的戏剧，也被我们改造成了《夜宴》式的欲望的淋漓尽致的展示。

在交往中，我们的目光变得越来越矜持，越来越彬彬有礼，越来越有日本味儿和西洋范儿，却也越来越程式化、格式化，甚至透着虚伪。就像罗大佑在歌里唱的："人们变得越来越有礼貌，可见面的机会却越来越少；苹果的价钱卖得比以前高，可味道没有以前好。"

缺少了天真和真诚，连街上的狗的目光，也变得小心翼翼，格外警惕的样子。

宽容是一种爱

西方有一个感恩节。那一天，要吃火鸡、南瓜馅饼和红莓果酱。那一天，无论天南地北，再远的孩子，也要赶回家。

总有一种遗憾，我们国家的节日很多，唯独缺少一个感恩节，我们也可以东施效颦吃火鸡、南瓜馅饼和红莓果酱，我们也可以千里万里赶回家，但那一切并不是为了感恩，团聚的热闹总是多于感恩。

没有阳光，就没有日子的温暖；没有雨露，就没有五谷的丰登；没有水源，就没有生命；没有父母，就没有我们自己；没有亲情友情和爱情，世界就会是一片孤独和黑暗。这些都是浅显的道理，没有人会不懂，但是，我们常常缺少一种感恩的思想和心理。

"谁言寸草心，报得三春晖"；"谁知盘中餐，粒粒皆辛苦"，我们小时候背诵的诗句，讲的就是要感恩。滴水之恩，涌泉相报；衔环结草，以报恩德，中国绵延多少年的古老成语，告诉我们的也是要感恩。但是，这样的古训并没有渗进我们的血液，有时候，我们常常忘记了，无论生活还是生命，都需要感恩。

蜜蜂从花丛中采完蜜，还知道嗡嗡地唱着道谢；树叶被清风吹得凉爽，还知道飒飒地响着道谢。但是，我们还不如蜜蜂和树叶，有时候，我们往往容易忘记了需要感恩。

没错，感恩的敌人，是忘恩负义。但是，真正忘恩负义的人毕竟是少数，大多数的人们常常对别人给予自己的帮助和情谊、恩惠和德泽，以为是理所当然，便容易忽略或忘记，有意无意地站在了感恩的对立面。难道不是吗？我们父母给予我们的爱，常常是细小琐碎却无微不至，不仅常常被我们觉得就应该是这样，而且还觉得他们人老话多，树老根多，嫌烦呢。而我们自己呢，哪怕是同学或是情人的生日，都不会错过他们的party，偏偏记不清父母的生日，就并不是什么奇怪的事情了。

　　懂得感恩的人，往往是有谦虚之德的人，是有敬畏之心的人。对待比自己弱小的人，知道要躬身弯腰，便是属于前者；感受上苍懂得要抬头仰视，便是属于后者。因此，哪怕是比自己再弱小的人给予自己的哪怕是一点一滴的帮助，这样的人也是不敢轻视、不能忘记的。跪拜在教堂里的那些人，仰望着从教堂彩色的玻璃窗中洒进的阳光，是怀着感恩之情的，纵使我并不相信上帝的存在，但我总是被那种神情所感动。

　　恨多于爱的人，一般容易缺乏感恩之情。心里被怨恨涨满的人，便容易像是被雨水淹没的田园，很难再吸收进新的水分，便很难再长出感恩的花朵或禾苗。

　　不懂得忏悔的人，一般也容易缺乏感恩之情。道理很简单，这样的人，往往唯我独尊，一切都是他对，他从来都没有错，对于别人给予他的帮助，特别是指出他的错误弥补他闪失的帮助，他怎么会在意呢？不仅不会在意，而且还可能会觉得这样的帮助是多余是当面让他下不来台呢。这样的人，心如冰硬板结的水泥地板，水是打不湿的，便也就难以再松软得能够钻出惊蛰的小虫来，鸣叫出哪怕再微弱的感恩之声来。

　　财富过大并钻进钱眼里出不来，和权力过重并沉溺权力欲出不来的人，一般更容易缺乏感恩之情。因为这样的人会觉得他们是施恩于别人的主儿，别人怎么会对他们施恩且需要回报呢？这样的人，大腹便便，习惯于昂着头走路，已经很难再弯下腰、蹲下身来，更难于鞠躬或磕头感恩于人了。

　　虽说大恩不言谢，但是，感恩一定不要仅发于心而止于口，对你需要感谢的人，一定要把感恩之意说出来，把感恩之情表达出来。美国曾经有这样一则传说，一个村子里，一家人围坐在餐桌前吃饭，母亲端上来的却是一盆稻草。全家都很奇怪，不知道这究竟是怎么一回事，母亲说："我给你们做了一辈子的饭，你们从来没有说过一句感谢的话，称赞一下饭菜好吃，这和吃稻草有什么区别！"连世上最不求回报的母亲都渴望听到哪怕一点感谢的回声，那么我们对待别人给予的帮助和恩情，就更需要把感恩的话说出来。那不仅是为了表示感谢，更是一种内心的交流，在这样的交流中，我们会感到世界因这样的息息相通而变得格外美好。

　　我在报上看到这样一则消息：湖南两姊妹在小时候一次落水，被一个好心人救起，那人没有留下姓名就走了。两姊妹和她们的父母觉得，生命是人家救的，却连一声感谢的话都没有对人家说，发誓一定要找到这个恩人。他们整整找了20年，两姊妹的父亲去世了，她们和母亲接着千方百计地寻找，终于找到了这位恩人，为的就是感恩。两姊妹跪拜在地上向恩人感恩的时候，她们两人和那位恩人以及过路的人们禁不住落下了眼泪。这事让我很难忘怀，两姊妹漫长20年的行动告诉我，到什么时候都不要忘记对有恩于你的人表示感恩。而感恩的那一瞬间，世界变得是多么的温馨美好。

　　我永远也不会忘记几年前的一件事情。那天，我在崇文门地铁站等候地铁，一个也就四五岁的小男孩，从站台的另一边跑了过来。因为是冬天，羽绒服把小男孩撑得圆嘟嘟的，像个小皮球滚动过来。他问我到雍和宫坐地铁哪站近，我告诉他就在他的那边。他高兴地又跑了回去，我看见那边他的妈妈在等着他。等了半天，地铁也没有来，我走了，准备上去找个"的"，我已经快走到楼梯最上面的出口处了，听到小男孩在后面"叔叔，叔叔"地叫我。我不知道他要干什么，便站在那里等他，看着他一脑门子热汗珠儿地跑到我的面前，我问他有事吗，他气喘吁吁地说："我刚才忘了跟您说声谢谢了。妈妈问我说谢谢了吗。我说忘了，妈妈让我追你。"我永远不会忘记那个孩子和那位母亲，他们让我永远不要忘记学会感恩，对世界上不管什么人给予自己的哪怕是再微不足道的帮助和关怀，也不要忘记了感恩。

【写作提示】

锻炼自己发现的眼睛
——细节的捕捉

写文章，需要必备的材料，这就像盖房子之前得有砖瓦等基本材料，然后才谈得上房子的大小、式样、风格，乃至最后的完成。这些材料，一般来自两个方面，一个是书本，一个是生活。书本的材料，可以供我们借鉴并引用，从而为我们的文章服务，成为我们文章的组成部分。生活的材料，可以是听别人说来的，也可以是自己亲身经历或亲眼看到的。前者是理性多于感性，后者是感性多于理性。两者可以交错进行，相互映衬，彼此作用。

这里，只说生活的材料，即我们老师常说的素材如何从生活中获取。

生活中蕴藏着丰富的写作素材，但对比这样的素材而言，更重要的是生活中生动细致的那些细节。这是我们在选择素材的时候尤其要注意的，素材可能是一堆，而细节则只会是很小的一点或几点而已。但细节却是文章生命的细胞，缺少了细节的文章，很难写得动人。缺少细节，在文章里堆积的就只是一些素材，这恰恰是同学们写作时常常会碰到的问题之一。

很多同学认为，我们的生活太普通、太庸常，又太琐碎、太平淡，能够写作成文的素材本就少，更到哪里找那么多那么好的细节？便常常一到写作时觉得没什么可写的，或勉强写出来却不生动。

其实，就像以前有位外国艺术家所说的那句名言：美不是缺乏存在，缺乏的是我们发现它们的眼睛。好的可以入文的细节，就是这样存在于平淡无奇的生活中，关键在于我们的眼睛是否有意识又能够敏感地发现它们。诺贝尔文学奖的获得者——加拿大的女作家爱丽丝·门罗，她的写作只是局限于她所生活的那个小镇的普通人的日常生活，却让她获得如此的成功，原因便在于她对于小镇日常琐事平庸生活发现的能力。她有一双敏感而善感的眼睛，让她洞若观火，在幽微之处发现动人之处。那些看似信笔拈来的细节，正是得益于她的这种本事。

第 8 堂课

怎样选择材料

超　重

那天到机场送人，飞往法兰克福、伦敦、罗马和巴黎的航班，密集得像雨点似的挤在一起。大概正赶上暑假结束，大学开学在即，到处可以看到推着装有大行李箱推车的学生们，送行的父母特别多。候机厅里，家庭的气息一下子很浓，像是客厅，相似的面孔不停地在眼前晃动。

不时有孩子进到里面去办理登机手续，家长只能够站在候机厅里等，儿行千里母担忧，他们都伸长了脖子，把望眼欲穿的心情赋予人头攒动的前方。不时便又看见有孩子匆匆地从里面走出来，给家长一个渴望中的喜悦。不过，我发现，匆匆出来的孩子大多并不是为了和送行的父母再一次告别，也很少见到有依依不舍的场面，那样的场面，似乎只留给了情人之间的拥抱和牵手。

站在我身边的是一位面容姣好的中年妇女，凉鞋露出的脚趾涂着鲜艳的豆蔻，这样风韵犹存的女人，在我们的电视剧里一般还要在男人怀里撒娇呢。现在，她像是只温顺的猫，眼神有些茫然。不一会儿，我看见一个大小伙子推着行李车，气冲冲地向她走来，没好气地对她嚷嚷道："都是你，让我带，带！都超重啦！"只听见她问："超了多少？"语气小心，好像过错都在自己的小媳妇。"10公斤！"只有儿子对母亲才会有这样肆无忌惮。听口音，是南方人。

于是，我看见母亲开始弯腰蹲了下来，把捆箱子的行李带解开，打开箱子，那是一大一小赭黄色的两个名牌箱。儿子也蹲下来，和母亲一起翻箱子里面的东西，首先翻出的是两袋洗衣粉，儿子气哼哼地嘟囔着："这也带！"然后又翻出一袋糖，儿子又气哼哼地嘟囔一句："这也带！"接着把好几铁盒的茶叶都翻了出来："什么都带！"母亲什么话都没说，看儿子天女散花般把好多东西都翻了出来，面前像是摆起了地摊。最后，儿子把许多衣服和一个枕头也扔了出来，紧接着下手往箱底伸了，只听见母亲叫了声："被子呀，你也不带了！"

我有些看不过去，走了两步，冲那个一直气哼哼嘴噘得能挂个瓶子的儿子说："10公斤差不多了，你东西都不带，到了那儿怎么办？"儿子不再扔东西了，母亲站了起来，一脸忧郁，本来化得很好的妆，因出汗而坍塌显出些许的斑纹。"先去试试再说。"我接着对那个儿子说，他开始收拾箱子，母亲则把茶叶都从铁盒里掏出来，又塞进箱里。儿子推着行李车走了，我问那位母亲孩子去哪里，她告诉我去英国读书。她脚下的那些东西都散落着，稀泥似的摊了一地。

这里，我身旁另一侧，又有一个女孩推着车走到她的父母身边，表情几乎和那个男孩一样气哼哼的，把车使劲推到她父亲的脚前，说了句："严重超重！"父亲和刚才这位母亲一样，立刻蹲下身子，替女儿打开行李箱，我一看，箱子里几乎全是吃的东西，而且全是麻辣食品，不用说，来自四川。左翻翻，右翻翻，父亲权衡着取出什么好，女儿站在那里，用手扇着风，抹着脸上的汗，说着："这都是我想带的呀！"这让父亲为难了，倒是母亲在旁边发话了："把那些腊肠都拿出来吧，那玩意儿占分量。"父亲拿出了好几袋腊肠，又拿出好几管牙膏、一大罐营养品和几件棉衣，再盖箱子的时候，鼓囊囊的箱子瘪下去一大块。女儿风摆柳枝般推着车走了，我悄悄地问母亲这是去哪儿，她说是去法国读书。

独生子女的一代，理所当然地觉得可以把一切不满和埋怨都发泄给父母。养儿方知父母恩，他们还没到明白父母心的年龄。他们可以埋怨父母的娇惯和期待超重，却永远不该埋怨父母对自己的情感超重。

孤单的雪人

今年冬天，北京下了场大雪。雪一下子堆得老厚，白皑皑的，路上像铺了一层绒绒的地毯，这真是北京城难得见到的美景。

那天清早，我看见路旁一家小餐馆前堆起了一个雪人，是在这家餐馆打工的几个外地年轻人冒着严寒堆起来的，他们冻得满脸通红却堆得兴致勃勃。雪人挺漂亮，胡萝卜插成的鼻子，彩纸做成的眼睛，用花花绿绿的挂历叠成的贝雷帽，手臂里还夹着一根长长的树枝，枝头上挂着几个彩色的气球和几片彩色布条做成的小旗子……雪人融入了几个外地年轻人尽情的想象，是冬天和他们彼此赠予的最好的礼物了。那时，天上的雪花正在飘飘洒洒，街头一片冰清玉洁，宛若童话的世界。那个漂亮的雪人仿佛活了一样，在这飘飞的雪花中轻盈地舞动……

这个漂亮的雪人引来了不少过往行人的注目——它确实堆得挺别致可爱的。有的人还跳下自行车跑过来看看它，开心地一笑。特别是孩子们，围着它打雪仗，笑声随着雪花飞扬，溅得四处都是。在雪小些的时候，许多家长回家拿来照相机，领着孩子和这个漂亮的雪人合影留念。这个在纷纷扬扬的大雪中诞生的雪人，给这条街增添了不少的欢乐。

雪停之后，因为气温依然出奇地冷，雪许多天不化。缺少了雪花的陪伴，这个漂亮的雪人显得有些寂寞。人们渐渐失去开始见到它时的兴致，走过它的身边，连看都不看它一眼，它便显得越发孤零零。因为缺乏飘落的雪花的装点，又因为来来往往汽车排放的废气和附近工厂烟囱冒出的烟尘的污染，仅仅几天，雪人就变得灰蒙蒙、黑黢黢的了，仿佛是一个受冷遇又受气的灰姑娘了。

接着，没过两天，雪人手臂中夹着的枝条上的气球破了，彩色布条做成的小旗被人随手扯下来扔在一旁；然后，雪人的胡萝卜鼻子被拔下来狠狠地插在肚子上，漂亮的贝雷帽被撕成碎片撒满一地；雪人已经无可奈何地残疾，但还有人不放过它，路过它的身旁的时候，狠狠地朝它的身上踩几脚，雪块坍塌下来，雪人的头、胳膊……随着就掉落在地上。雪人再不是雪人，成了一堆脏兮兮的垃圾了。

个漂亮可爱的雪人，就这样在人们的手中被创造、被破坏了。

让我多少感到痛心的是破坏它的人大多是可爱的孩子。我亲眼看见好几个孩子路过它的身旁，毫无缘由地踩它，把它当成靶子，拿雪块、石头砸它。而这些孩子里有不少恰恰在前几天还围绕在它身旁，欢乐地打雪仗，或者脸上绽开酒窝和它合影留念。

我更无法理解的是参与破坏的还有当初创造它的人们。小餐馆里的那几个外地年轻人出来倒脏水就那样毫无顾忌地倒在雪人身上，尤其当雪人坍塌，剩下的半拉身子更成为他们倒脏水倒污物的垃圾桶了。

看来，雪人最好的命运，是在雪天里诞生，然后立刻消融在雪后的阳光下，消融得没有一点影子。这样，它只会看见我们人类欢乐的前一半，不会看见我们随心所欲破坏的后一半。

风中华尔兹

那天的晚上，风很大，公共汽车站上没几个人等车，车好久没有来，着急的人打"的"早走了，剩下的人有些无奈。这时候，走过来一个姑娘，黑暗中看不清她的面孔，但个头高挑，身材苗条，穿着一条长摆裙子，很是养眼。但公共汽车并没有因养眼的姑娘的到来而提前进站，等车的人们还在焦急的望眼欲穿，有人在骂街了。

不知这位高个的姑娘是刚逛完商厦，还是刚赴完晚宴，或是刚刚下班，总之，她显得神情愉悦，一点儿也不着急，竟然伸展修长的手臂，在站牌下转了两圈。是几步华尔兹，风兜起她的长裙，旋转成了一朵盛开的花，汽车站仿佛成了她的舞台。

这一幕，留给我的印象很深，记得那一晚的站牌下，对这位突然情不自禁地跳起华尔兹的姑娘，有人欣赏，有人侧目，有人悄悄说：神经病！我当时想，同样的夜晚，同样的大风，同样的焦急，姑娘在自娱自乐之中化解焦灼的华尔兹，舞出的是本事，不也是一种平和的心态吗？

有一天，我路过我家附近不远的一个小区，小区的大门口有一间不大的收发室，收发室的窗前挂着一块小黑板，黑板上密密麻麻地写着几门几号有挂号信，几门几号有汇款单，无论是阿拉伯数字，还是汉字，都写成斜体的美术字，分外醒目。一笔一画，一丝不苟，写得正经不错。走过那么多的小区，还从没见过哪里的收发室前的小黑板上有这样好看的美术字呢。

　　有意思的是，我看见收发室里坐着一个小伙子，正拿着笔，正襟危坐，往纸上写着什么。好奇心驱使我走了过去，和小伙子打招呼，一看他正在练美术字，双线镂空的美术字，满满地写在了一张废报纸上。我夸他写得真好，他笑着说天天坐在这里没事，练练字解闷呗！

　　其实，解闷的方法有多种，喝喝小酒，看看电视，下下棋，都可以解闷。小伙子选择了写美术字，即使往小黑板上写邮件通知，也要用美术字写得那样整齐好看，就像学校里出板报一样正规。我对这个小伙子心生敬意，因为并不是什么人都有他这样的本事，能够将日常琐碎的事情做成如此赏心悦目，让自己，也让别人看着舒服。

　　前两天，在网上看到浙江湖州一位叫作李云舟的小伙子，和我见过的这个小区用美术字写黑板的收发室小伙子，有异曲同工之妙。李是一个小区的保安，他向他的主管提了好多建议，都没有被采纳，一气之下，不干了。不干就不干呗，可他的辞职信竟然是用文言文的赋体形式写成的。你可以说他怀才不遇，你也可以指出他的确有这样那样的毛病，但你不得不承认，那赋古风悠悠，洋洋洒洒，有典故，有文采，还有他抑制不住的心情，或者有那么一点自尊和自命不凡。于是，这篇赋体的辞职信迅速在网上走红，被戏称为"中国第一赋辞"，而李也被称之"湖州第一神保"。

　　生活中，并不是每天都会下雨，也不是每晚都有星星；花好月圆总是属于少数人，月白风清总是属于幸运儿。大多的人，大多的日子，却是庸常琐碎、寡淡无味，甚至会有许多苦涩和不如意，怀才不遇的折磨会更多。能够如这两位小伙子，即使写再平常不过的邮件通知，也要写成与众不同的斜体美术字；即使写再卑微不过的辞职信，也要写成一唱三叹的赋体。我想，这也许就是我们常常说的一种对生活的态度吧？是古诗里说的：行到水穷处，坐看云起时；是罗大佑唱过的：胜利让给英雄们去轮替，真情要靠我们凡人自己努力；是那位大风里焦急候车的姑娘，将生活化为了华尔兹，让哪怕是滋生出来那一点点儿的艺术，也会有些许快乐，温暖我们自己的心！

【写作提示】

重复的作用

——素材的选择

一般而言，文章忌重复。但是，有的时候，重复又能够起到特别的作用。过去讲"一唱三叹"，就是重复。"三叹"的重复，是为了那"一唱"服务的。文章中出现的重复，是文章写作的一把双刃剑，关键看怎么用，在什么时候什么地方用。用得好，会使得文章有了迂回的味道，也能够为文章添彩。

《超重》这篇文章，重点写的是那个去英国读书的儿子和他母亲，在机场托运行李超重时的一点冲突。后面紧接着又写那个要去法国读书的女孩和她父亲，也是为托运行李超重时的冲突。很显然，事情本身即行李"超重"，和事情发生时该孩子和家长的冲突，孩子毫无顾忌地冲家长的埋怨甚至发火，以及家长的无奈，其语言和行为方式，都是明显的重复。

为什么要这样重复？只写其中一件事行不行？

当然，写好其中的一件事可以，那是另一种写法。这里所用的重复，是有意为之的，这个作用，便是加强对于"超重"这一事情的关注，在同一天，同一个机场，甚至是同一个时间段里，竟然发生着这样完全雷同的事情，特别是孩子们面对"超重"时的表现，竟然如此的不谋而合，仿佛上演同一幕的戏剧，说明了什么？为什么会有这不谋而合的雷同？可以说，正是前后目睹了这样的重复，让我的内心受到了冲击，说实在的，心里并不好受。这不仅引起我当时的注意和思考，同时在写文章时，也想通过这样的重复引起读者同样的注意和思考。

有了这样的重复，文章最后的感叹，才增添了分量："独生子女的一代，理所当然地觉得可以把一切不满和埋怨发泄给父母。养儿方知父母恩，他们还没到明白父母心的年纪。他们可以埋怨父母的娇惯和期待超重，却永远不该埋怨父母对自己的情感超重。"而引发的关于独生子女一代的感叹，是出自文章的重复。它们自然而然地让人们由此而引起这样的感叹：现在的孩子们怎么都变成这样子了呢？便从个别的现象引起了代际矛盾的思考。如果只是一个孩子关于"超重"的事情，可以是个别的现象，文章所推而广之的对"独生子女"一代的感叹，就会削弱了分量，文章的主题，便很容易在一人一事中浅尝辄止。

再看《孤单的雪人》，在这篇文章中，前后两个孩子堆雪人和在雪人前照相的情景，明显也属于重复。之所以选择了这样两件重复的事情，把它们有意放在一起来写，其目的和《超重》一样，也是希望借助重复来加强文章所表达的主旨。

在两篇文章中两次重复之间，分别都出现了作者"我"的穿插。在《超重》中，是那个男孩子和母亲发生冲突的时候，我走了过去，和母子俩的一段交流。在《孤单的雪人》中，是我想起了自己童年时堆雪人、打雪仗的情景。这样两段穿插，它们所起到的前后两次的重复之间的过渡和衔接作用，是非常明显的。如果没有这样的穿插，前后的两次重复，紧密地凑在一起写，就会显得有些生硬，缺少必要的过渡。更重要的一点，是能够加强对文章主旨的表达和深化。在《孤单的雪人》中，其作用更为明显。回忆"我"童年堆雪人、打雪仗，目的是和眼前的孩子作比较，如今的孩子缺少了以前和雪亲密接触过程中所带来的天然乐趣，雪人失去了童年独有的生命力，简化为照相的一个道具。如果缺少了这样一个穿插，文章的收尾便显得有些仓促，前后两次重复的作用，也就相应地减弱。

奥斯维辛的雪

在奥斯维辛解放60周年纪念活动的电视实况转播里，看到奥斯维辛正飘飞着鹅毛大雪，仿佛老天也为之动容，流下冬天的眼泪，撒下祭祀的白花。远处苍茫的背景下，奥斯维辛集中营那些处在低洼之地的木制和砖砌的营房和毒气室，在洁白飞舞的雪花中，静静地伫立着，无言地出示着历史的一份浸透着血泪的证言。

触动我的不仅仅是纪念活动的场景，而是所有参加这一活动的人们一致要求，一定要把活动放在露天举行，虽然天正下着大雪。

触动我的还在于，出席纪念活动的包括法国总统希拉克、俄罗斯总统普京、乌克兰总统尤先科、波兰总统瓦希涅夫斯基在内的40多个国家领导人，都和所有的人们一起在纷飞的大雪之中，并没有我们这里司空见惯的一些格外的关照，比如起码临时搭建一个遮挡风雪的塑料棚，甚至没有特殊的位置，比如起码比一般人们高一些的主席台，铺上红地毯，再在桌前摆放我们这里特别爱摆的座签，按照职位的高低大小排队，分别写上他们各位的名字。或者再配备礼仪小姐，在他们上台讲话的时候，袅袅婷婷地引领着他们。所有的国家领导人，都只是和所有出席纪念活动的普通人们一样，坐在那里，头顶着一样的大雪纷飞。所有的国家领导人，在讲话的时候，都要把帽子摘下来，让雪花洒满头顶。

130万犹太人曾经被关押在奥斯维辛集中营里，110万人死在这里，苏联红军为了解放奥斯维辛集中营，60万人死在这里。是应该这样脱帽站立在这里，让纷飞的雪花洒满习惯了荣誉权势与金钱冠盖那骄矜不可一世的头顶，让冰冷的雪花浇湿并激活业已麻木了并被今天那威胁着人类和平的战火所膨胀所炙烤的心灵。让我们的头和我们的心一起为在战争中无辜死去的亡灵垂下来。无论是致以哀思、幽思，还是反思，是报以忏悔、遗恨，还是缅怀，是出于悲伤、愤怒，还是激动，所有的人们都应该为人类自身曾经犯下的惨无人道、灭绝人性的罪行，垂下头来。所有出席纪念活动的各国领导人，都无一例外地置身在纷飞的大雪之中，所有发言者都脱帽垂下头来，看来是最常见的一种形式，却将形式变成了内容的一部分，而且是血肉相连不可分割的一部分，而不是将纪念活动移花接木变成了一种显示自己或展示自己的盛大party。

我们常常爱说和世界接轨，从此次奥斯维辛解放60周年纪念活动中，我们应该学到一些接轨的有益方式和启示。

我想起有一次在长江三峡上的经历，航船途经一个小地方停靠码头，天正下着不大不小的雨（并不是雪），从码头到岸边的大路上，大约有五六百米，早早就铺好了长长的一溜红地毯，红地毯的尽头，停着一辆黑色的小轿车，都已经淋湿在淅沥沥的雨水中。一位领导（不知是什么级别的领导）要下船，刚刚走下船梯，立刻就有一把伞花开一般张开，遮挡在领导的头顶，一行人前呼后拥着一路迤逦而去。船舷旁围着许多看热闹的人，有人在大声呼喊着："让列宁同志先走！"戏谑中含有讽刺和不满，自然流露的都是情绪。

也许，这样的做法，在我们这里已经见多不怪，习以为常。我们上行下效，愿意把大小一切活动搞得形式雷同而仪式堂皇。在官本位的思想指导下，我们更愿意把大小领导推在醒目的位置上，不管是在任何活动中，都让他们像是唱戏的主角一样风光无限才是。因此，如果是我们来操办奥斯维辛解放60周年纪念活动，我们会怎么办？自然，也许我们会操办得更好，但我们会坚持一定要把活动放在露天举行吗？虽然天在下着大雪。我们会让各国领导人无尊卑非长幼地都站立在风雪之中吗？会不会搭建一个临时的主席台和遮挡风雪的塑料棚？会不会好心好意地为他们每个人头顶花开般张开一把伞？当然，更会不会在群众到齐顶着风雪站立老半天之后，才让各国的领导人在掌声中烘云托月般鱼贯出场？在他们出场的时候让扩音喇叭大声地播放着他们的头衔和名字？而在活动结束之后，让所有人仍然立在风雪中，而"让列宁同志先走"？

也许，这真的是值得我们思考和借鉴的。

奥斯维辛的雪，真冷，真白，那样的晶莹、清澈。

公交车落下的花瓣

那天等公交车，站台上，我前面站着两个姑娘，看装束模样，像打工妹。寒风中，车好久没有来，两人聊得挺带劲儿，时不时忍不住咯咯笑。

其中一个系着红头巾的女人对戴着黑白相间毛线帽的女人说起自己和老公的一次吵架，说得兴味盎然。我听得真真的，是去年夏天，她和老公吵架，一气之下，跑出了家门，一走走老远，走到天快黑了，想起回家，坐上公交车，才发现自己穿的连衣裙没有一个兜，自然没带一分钱。她对戴毛线帽的女人说：你知道我和我老公结婚后租的房子挺偏的，得倒两回车，没钱买票，心想这可怎么办？我就对售票员说我忘了带钱，你让我坐车吧。人家还就真的没跟我要钱。倒下一趟车的时候，我又说我忘了带钱，你让我坐车吧，人家又没跟我要钱。我都到家了，我老公还在外面瞎找我呢，等他回来天都黑了，他进门看我在家里，问我是不是打车回来的？我笑他，没带一分钱，还打车呢？说着，两个女人都像得了喜帖子似的笑了起来。售票员的善意，让小夫妻之间不愉快的吵架也变得有了滋味。

毛线帽对红头巾说：北京公交车售票员小丫头片子的眼睛长得都比眉毛高，没刁难你，让你白坐车，算是让你碰上了！

红头巾对毛线帽说：要不待会儿来车了，你也试试？你就说没带钱，看看是不是和我一样，也能碰上好人？

毛线帽拨浪鼓似的连连摆头：我可不敢，让人家连卷带损的数落一顿，别找那不自在！

红头巾却一个劲儿地怂恿，边说边推了一把毛线帽：没事，你试验一次嘛！

毛线帽回推了一把红头巾：要试你试！

红头巾撇撇嘴：胆子这么小，我试就我试！

正说着，公交车已经进站，停在她们的前面，车门吱的一声开了。两人脚跟着脚的上了车。车上的人不算多，有个空座位，两人让给了我，好像故意让我看她们接下来的表演。

红头巾走到售票员的前面，毛线帽拽着吊环扶手没动窝，眼瞅着她怎么张开口。售票员是位四十来岁的大嫂，眼睛一直盯着向自己走过来的红头巾，以为是来买票的，没有想到红头巾说：阿姨，我忘了带钱了，您看看能不能让我坐车呀？售票员面无表情，抬起手，一根细长的食指毫不客气地指指后面的毛线帽说：你没带钱，她也没带钱怎么着？

得，今天遇到的售票员不是个善茬儿，试验刚开始，就卡壳了。幸亏红头巾反应得快，回过头也指了指毛线帽说：我们不是一起的。毛线帽只好配合着赶紧摆手又摇头。谁知售票员久经沙场，眼睛里不容沙子，对她们两人说：行啦，进站时候我早看见了，你们俩推推搡搡连打带闹的，还说不是一起的！

像一只气球，还没飞起来，就被一针无情的扎破，满怀信心想试验一把，让夏天那个美好的回忆重现，没想到演砸了。红头巾一下子尴尬起来，瘪茄子似的耷拉着头，不知如何是好。售票员步步紧逼，嘴里不停地说：快着吧，麻利儿的赶紧掏钱买票，一块钱一张票都舍不得花？说得满车厢的人的目光都落在红头巾的身上，毛线帽赶紧走上前去，掏钱替红头巾买了票。红头巾才像沉底的鱼又浮上水面缓过了神儿，对售票员解释：阿姨，不是我不想买票，我是想试验一下，看……售票员撕下票塞在她的手里打断她：行啦，试验什么呀？像你这样逃票的，我见得多了！

　　我心里在想，售票员应该把红头巾的话听完，就明白了红头巾坚持试验的一点小小的愿望，兴许就是另一种结局。但也说不好，即使知道了红头巾试验的愿望，没准照样是这种结局。如今很多事情，结局与初衷常南辕而北辙，美好芬芳的愿望如旷世的童话，早已经被现实磨烂，成了一双臭袜子，被随手丢弃。

【写作提示】

借水行船
——文章中材料的引用

《公交车落下的花瓣》，这篇文章最初的题目叫作《公交车试验》。写的内容是两位外地的姑娘乘坐公交车的一则小事。其中一位姑娘曾经有过一次乘车忘记带钱，和售票员一说，售票员却让她坐车的难忘经历。这一次她们想如法炮制，却被售票员拒绝。其实，她们并不是有意要逃票，只是想做个试验，没有想到，回忆的昔日重现和心头的美好愿望被迎头砸破。我想写的就是美好的愿望和现实的隔膜与距离。

最初文章就在两个姑娘被售票员拒绝后落荒而逃这里结束。写完之后，觉得不过是照相式的记录，还是缺些东西。最后，加上了现在文章最后的一段，引用了美国诗人庞德的那首诗《在一个地铁车站》："人群中这些面孔像幽灵一般显现，湿漉漉的枝条上的许多花瓣。"题目也改为了《公交车落下的花瓣》。是想说如果庞德看到这两个落荒而逃的女人的面孔，会觉得还像美丽的花瓣吗，以此强化一下想象和现实的矛盾的话题。想象被现实击碎，花瓣便不再美丽。

写完之后，我也曾犯过犹豫，觉得增添庞德的这一笔，会不会是画蛇添足。但是，我想，增添的这一笔，也许还是利大于弊的。因为多少可以增添一点我们对那两个姑娘的试验流产的一些思考，增添一点这两个姑娘试验初衷那种美好愿望和形象的书写，而不是像以前那样，只留下两个姑娘落荒而逃的背影，只有些漫画的感觉。

　　文章中引用他人的材料来丰富自己的内容，加强自己的言说，引申自己的主题，是写作常用的一种方法。我喜欢用这种方法，因为自己的力量不足，常常需要借力，就如同我们站在巨人的肩膀上，才可以看得更高更远，也才能够得到树上原本不能够到的果子或花枝。

　　我管这种方法叫作"借水行船"。

　　在这里，需要提醒同学们注意的有两点：一是需要我们在平常多读一些书，材料的引用，信手拈来在于平常学习中的发现和积累，所谓"书到用时方恨少"。二是材料的引用要恰当，不宜太多太满，要适可而止，不可以为既然是"借水行船"，借水的水越多越好，越大越好。我们有些同学一般愿意把引用的材料占据文章很大的篇幅，怕说不清楚，便索性把材料都抄上去；或是以材料来替代文章的内容和自己的论述。

　　这两点，常常是材料引用臃肿问题的基本原因。前者是出于担心，后者是出于懒惰。

　　材料的引用，也需要锻炼。这就是作文基础学习和阅读练习中的发现和概括、缩写和改写的能力的训练。

阳光的三种用法

　　童年住在大院里，都是一些引车卖浆者流，生活不大富裕，日子各有各的过法。

　　冬天，屋子里冷，特别是晚上睡觉的时候，被窝里冰凉如铁，家里那时连个暖水袋都没有。母亲有主意，中午的时候，她把被子抱到院子里，晾到太阳底下。其实，这样的法子很古老，几乎各家都会这样做。有意思的是，母亲把被子从绳子上取下来，抱回屋里，赶紧就把被子叠好，铺成被窝状，留着晚上睡觉时我好钻进去，被子里就是暖乎乎的了，连被套的棉花味道都烤了出来，很香。母亲对我说："我这是把老阳儿叠起来了。"母亲一直用老家话，把太阳叫老阳儿。

　　从母亲那里，我总能够听到好多新词儿。把老阳儿叠起来，让我觉得新鲜。太阳也可以如卷尺或纸或布一样，能够折叠自如吗？在母亲那里，可以。

　　街坊毕大妈，靠摆烟摊养活一家老小。她家门口有一口半人多高的大水缸。冬天用它来储存大白菜，夏天到来的时候，每天中午，她都要接满一缸自来水，骄阳似火，毒辣辣地照到下午，晒得缸里的水都有些烫手了。水能够溶解糖，溶解盐，水还能够溶解阳光，大概是童年时候我最大的发现了。溶解糖的水变甜，溶解盐的水变咸，溶解了阳光的水变暖，变得犹如母亲温暖的怀抱。

　　毕大妈的孩子多，黄昏，她家的孩子放学了，毕大妈把孩子们都叫过来，一个个排队洗澡，毕大妈用盆舀的就是缸里的水，正温乎，孩子们连玩带洗，大呼小叫，噼里啪啦的，溅起一盆的水花，个个演出一场哪吒闹海。那时候，各家都没有现在普及的热水器，洗澡一般都是用火烧热水，像毕大妈这样法子洗澡，在我们大院是独一份。母亲对我说："看人家毕大妈，把老阳儿煮在水里面了！"

我得佩服母亲用词儿的准确和生动，一个"煮"字，让太阳成为了我们居家过日子必备的一种物件，柴米油盐酱醋茶，这开门七件事之后，还得加上　件，即母亲说的老阳儿。

谁家都离不开柴米油盐酱醋茶，但是，谁家又离得开老阳儿呢？虽说如同清风朗月不用一文钱一样，老阳儿也不用花一分钱，对所有人都大方而且一视同仁，而柴米油盐酱醋茶却样样都得花钱买才行。但是，如母亲和毕大妈这样将阳光派上如此用法的人家，也不多。需要一点智慧和温暖的心，更需要在艰苦日子里磨炼出的一点儿本事，这叫作少花钱能办事，不花钱也能办事，阳光才能够成为了居家过日子的一把好手，陪伴着母亲和毕大妈一起，让那些庸常而艰辛的琐碎日子变得有滋有味。

对于阳光，大人有大人的用法，我们小孩子也有小孩子的用法。我家的邻居唐家大人是个工程师，他家有个孩子，比我大两岁，很聪明，就算喜欢招猫逗狗，总爱别出心裁玩花活儿。有一次，他拿出他爸爸用的一个放大镜，招呼我过去看。放大镜我在学校里看见过，不知他拿它玩什么新花样。我走了过去，他在放大镜底下放一张白纸，用放大镜对着太阳，不一会儿，纸一点点变热，变焦，最后居然烧着了起来，腾的蹿起了火苗，旋风一般把整张白纸烧成灰烬。

又有一次，他拿着放大镜，撅着屁股，蹲在地上，对准一只蚂蚁，追着蚂蚁跑，一直等到太阳透过放大镜把那只蚂蚁照晕，爬不动，最后烧死为止。母亲看见了这一幕，回家对我说：老唐家这孩子心这么狠，小蚂蚁招他惹他了，这不是拿老阳儿当成火了吗？你以后少和他玩！

有一部电影叫作《女人比男人更凶残》。有时候，小孩比大人更心狠，小孩子家并不都是天真可爱。

草是怎样一点点绿的

住在芝加哥的时候，楼后紧挨着一个叫尼考斯的街心公园，四月份了，却还是一片枯枯的，没有一点颜色。因为大大从公园穿过，到芝加哥大学去，公园成了我新结识的朋友，它的草地、树丛、山坡、网球场，还有一个小小的植物园，都成为我每天的必经之地，它们一点一滴的变化，都逃不过我的眼睛，好奇心让我观察着它们的变化，像看着一个孩子从爬到走到满地跑一天天长大。

最先让我惊喜的是，有一天清早，我忽然看到公园的草地突然绿了，虽然只是毛茸茸的一层鹅黄色的浅绿，却像事先约好了一样，突然从公园的四面八方一起向我跑来。前一天的夜里刚刚下了一场春雨，如丝似缕的春雨是叫醒它们的信使。

我看着它们一天天变绿，渐渐铺成了茵茵的地毯。蒲公英都夹杂在它们草叶间渐渐冒出了小黄花骨朵。但树都还没有任何动静，还是在风中摇动着枯涩的枝条，任草地上的草旺绿旺绿聚拢着浓郁的人气，真是够沉得住气的。一直快到了五一节，才见网球场后面的一片桃花探出了粉红色的小花，没几天，公园边上的一排排梨花也不甘示弱地开出了小白花。然后，看着它们的花蕾一天天绽放饱满，绯红色的云一样，月白色的雾一样，飘落在公园的半空中了。尼考斯公园一下子焕然一新，春意盎然起来。

然后，金色的连翘花也开了，紫色的丁香花也开了，每一朵，每一簇，我都能看得出来它们的变化。变化最快的是连翘，昨天才看见枝条上冒出几星小黄花，今天就看见花朵缀满枝条悬泻下满地的黄金。变化最慢的是一种我叫不上名字的树，很高，开出的花米粒一般，很小，总也见它长不大。近处看，几乎看不到它们，远远地望，一片朦朦胧胧的玫瑰红，在风中摇曳，如同姑娘头上透明的纱巾。这种树，在芝加哥大学的图书馆前的甬道旁铺铺展展的一大片，那玫瑰红便显得分外有阵势，仿佛咱们的安塞腰鼓一样腾起的遮天蔽日的云雾，映得校园弥漫在玫瑰色的雾霭之中。

再有变化慢的是树的叶子，几乎所有的花都开了，树的叶子还没有长出来，无论是榉树、梧桐，还是朴树或加拿大杨。一直到芝加哥大学教学楼的墙上的爬山虎都绿了，尼考斯公园草地间的蒲公英的小黄花都落了，长出伞状的蓬松而毛茸茸的种子，它们才很不情愿地长出了树叶。我看见它们一点点冒出小芽，一天天长大，把满树染绿，在风中摇响飒飒的回声。

我知道，这时候才是芝加哥的春天真正地到来了。我才发现，这是我平生头一次从头到尾看到了春天一步步地向我走来的全过程。像看一场大戏，开场锣鼓是草地上的草，定场诗是公园里的花，压轴戏是一树树参天而清新的绿叶。

我忽然想起在北大荒插队的时候，因为那时常常要打夜班脱谷或收大豆、收小麦，在无边的田野上，坐在驮满麦子和豆荚的马车上回生产队的时候，能够看到夜色是怎样退去，鱼肚白是怎样露出在遥远的地平线上，晨曦又是怎样一点点染红天空，最后，太阳是怎样跳上半空中。生平第一次从头到尾看到天是怎样亮的，就是在北大荒。回到北京之后，我再也没有看到这样天亮的全过程了。

同样，在北京，我也从来没有看过草是怎样一点点绿，花是怎样一点点开，树叶是怎样一点点长出来，春天是怎样一步步走来的全过程。

也许，不该怪罪我们的城市，也不该怪罪人生的匆忙，是我们自己把自己的眼睛和心磨得粗糙和麻木，在物质至上的社会里，我们顾及的东西太多，便错过了仔细感受春天到来的全过程。只因为清风朗月不用一文钱，便徒让我们感叹良辰美景奈何天了！

【写作提示】

把零散的珠子串起来
——素材的处理方法一种

写作的时候，常常会出现这样的一种情况，摆在自己面前的素材有很多，不知该怎么处理才好。如果是一人一事还好，怕的就是素材多了，反倒按下葫芦起了瓢。

这里有两个问题需要解决。一是选材，先要从众多的素材中挑选出来为我所需的。什么样的素材叫为我所需？所需，就是自己好处理的那些素材。什么叫好处理？好处理，就是放在文章中既合适又好写的。

一般，我会选择相近和完全相反的两种。相近的，就好像把性情相近的动物或鸟关进一个笼子里，避免它们彼此打架，处理起来好办些。相反的，则色彩对比鲜明，写起来也好写。如果把这两者混加在一起，一般会比较难处理，尤其对于初学写作的同学而言。但加在一起的好处，是让所选择的这些素材有了对比，使得文章容易有跌宕起伏，更为热闹而精彩。这种方法比单一种素材集中一起的写法的便利之处，正在于此。

二是选材之后的具体处理。处理的法子多样多种。在这里，我介绍其中一种最简便易行的，我称之为"串联法"。

以《阳光的三种用法》为例。写的是童年往事。往事，并不是是事情就可以往上堆，写那么几件难忘的，不管它们之间有没有联系，茄子葫芦一起煮，就万事大吉。那样的话，往往容易东一榔头西一棒子，由于没有什么内在的联系，而写得零乱，自己想要说的不明确。

过去关于散文的写作有一句老话，叫作"形散而神不散"，说的是素材的运用看起来零散，但有一个"神"在那里统领着，便使得文章有了主心骨一样，是统一的。这个"神"，在我看来，其实没有那么神秘，就是能够串联起那些零碎素材的一根线，串起来了，那些零散的素材，就变成了闪烁的珠子，甚至是精彩绝伦的佛珠。先决条件，是要把那些相近或相反的素材挑出来，挑的过程，就是串的过程必不可少的前奏。

这篇文章中，我将童年中很多往事都筛下了，只剩下和阳光相关的三件事。那么，可以看出，所谓的选择是以一个主心骨为轴心的，阳光便是串联起那三件事情的主心骨。这三件事，分别是我母亲晒被子，说是可以"把老阳儿叠起来了"晚上睡觉时暖和；毕大妈让太阳晒大水缸里的水，晒得暖和了，等孩子们放学回来洗澡用；邻居家的孩子则用放大镜聚焦太阳光，把蚂蚁晒死。

首先，这三件事，分别去写，可以不可以呢？当然可以，只是会显得比较简单。把三件事放在一起写，有什么好处呢？

这三件事，前两件是相近的，后一件则是相反的。如果一味地相近，只是数量的叠加，没有质的变化，文章就会显得平。有了相反的事情出现，会造成对比，噢，阳光的用法，并不全是像母亲和毕大妈那样的温馨，还有像邻居家小孩子的那种残忍，阳光用法的含义便丰富了一些。串联起的珠子中有一颗色彩不一样的，便使得这串珠子的配色显得更跳跃些，而避免了色彩的单调，文章就跌宕起伏了一些。

需要注意的是，这种串联法所选择的那些相近和相反的素材的比例，一般是，后者是少于前者的。当然，这只是我的习惯选择，同学们可以有自己的选择。但有一条切忌，便是不要弄得两者比例相当，打擂似的，会影响文章最后的跌宕和意义的突出。

空敞地和老地方

城市最早是由市场发展而来的，因此市场就是城市最早的空敞地，现在的新名词叫作公共空间。欧洲城市的广场，大多都是由这样的市场演变而来的，所以，在欧洲哪怕再小一座城市里，也会有很多的大小不一的广场，这些广场成为了人们今天的休闲之地，抬脚就到，方便而实在。

在我国，广场大多是新中国建立之后出现的。我们当年的市场，现在一般成为了宽敞的街道，比如北京的猪市、菜市，成为了如今的珠市口大街和菜市口大街。在老北京，公共空间，除了遍布京城的这些露天的大小市场，再有的就是寺庙，清康熙年间，北京城里有寺庙1200余座，即使到了清末民初，还有800余座，大多藏在胡同里，有的一条不长的胡同里就有两座庙，比如我童年居住家旁的小观音阁胡同，就有观音阁和弘福寺两座庙。我国是一个泛宗教的社会，这些庙所起的大多是公共空间的作用，是让居住在附近的人们有个聚会碰头的场所，有点儿像是现在的会所。老北京，公园不是百姓所能够享用的，它们属于皇家的园林，市场和庙宇，便是普通百姓一室外一室内的两大主要公共空间。它们的长处，在于就在百姓的身边，实用，又便于出行活动。

之所以说洋谈古，是因为如今我们的公共空间，已经渐渐失去和忘却了这样实用和方便于群众的两大功能。我们更重视广场的建设，而且有越建越大的趋向。那样的广场，只具有政治的意义，可以是一道丰美的佳肴，并不是百姓的家常菜，因为一般百姓不会经常能够到那里一顾的。我们也更重视一般花园的建设，但那更多的是锦上添花，为点缀用的。于是，我们如今的城市空间，大多为几大公园所取代，比如我常常在天坛公园里见到活动的老头老太太，人满为患，拥挤不堪。很多人是乘坐了公共汽车，大老远跑到这里来的，没有办法，因为他们居住的附近，没有可以供大家活动的公园或别的场地。而在国外，无论原有的还是新建的社区，都必要拥有自己的公园，比如我那年去美国芝加哥这座城市，便有100余座这样的公园，我住的楼下就是一个很大的公园，而在我住的街区里，几乎走不远，就能够碰到这样的一个公园，成为了抬头不见低头见的街里街坊一般。

我们的城市建设寸土寸金，似乎恨不得将所有的空敞地都盖起可以出售的楼盘，便无形中挤压了公共空间的位置，在经济利益的驱使下，群众的公共利益便这样理所当然地受到损害。真希望我们能够拥有更多一点的空敞地，当然，这些空敞地，不是像我们这里荒废着等待着继续盖楼盘好卖个大价钱的空敞地，而是能够让它们真正成为百姓自己的公共空间。

在城市里，特别是古老的城市，和空敞地对应的是老地方。如今，越是古老的城市，老地方越少，因为老地方的破旧衰败，都被拆迁盖成了新楼盘，唯新是举的城市建设思维，让老地方只成为了图书或展览中的老照片。而在现实生活中越来越无处可寻。

去年在美国，我碰见一对上海夫妇，他们四十来岁，出国打拼十多年。他们对我格外不解地说：我们的大学都是在北京读的，那时大学旁边有一些冰淇淋店、咖啡馆、书店之类的，晚上同学们都喜欢到那里去，我们的恋爱就是在那些地方开始的。可是，前年回北京，再找那些老地方，怎么也找不到了，一家都找不到了，都拆了，盖起了高楼。他们感慨地说：一座城市，怎么也应该保留一些老地方，让人过多少年，还能够找到，在那里怀怀旧。

城市化建设飞快，却没有想到有些老地方的价值，不仅在于地方的平方米的单价，而包含着历史的痕迹，城市的记忆，和人们的感情。别说北京，连上海有名的红房子西餐厅都易地了，现在，到哪里还能够找到老地方，还真的成了问题。

我想起天津大学建筑学教授荆其敏先生，他将这样的老地方称之为城市布局中的"情事结点"和"亲密空间"。他曾经说："许多城市中著名的情事结点多是自然形成并逐渐成为传统的。"成为了传统，说得多好，老地方的价值就在于它伴随着历史一道，已经成为了这座城市带有感情色彩独到的传统。可惜，在商业利益面前，这样的传统已经断档。

失去了空敞地的城市，会像是沙丁鱼罐头，人们会在密麻麻的水泥丛林的高楼大厦中，被挤压得喘不过气来。

失去了老地方的城市，会像是没有星星点缀的夜空，城市会失去历史的记忆，人们会找不到回家的路。

萤火虫

想起去年夏天，在美国普林斯顿一个社区里，我和一对来自上海的老夫妇聊人，都是来看望孩子的，便格外聊得来，家长里短，上至天文地理，下至鸡毛蒜皮，聊得兴致浓郁，竟然忘记了时间，从夕阳落山到了繁星满天时分。那时，我们坐在一泓小湖旁边的长椅上，面前是一片开阔的草坪，一直连到湖边。当夜色如雾完全把草坪染成墨色的时候，抬头一看，忽然看见草坪中有光一闪一闪在跳跃，再往远看，到处闪烁着这样一闪一闪的光亮。由于四周幽暗，那一闪一闪的光显得格外明亮，最开始的感觉，它们是上下在跳，高低不一，但跳跃得非常有节奏，仿佛带着音乐一般，让人觉得有种置身童话世界的感觉。

起初，我没有反应过来，那光亮是什么东西，感到非常惊讶，竟然傻乎乎地叫道："这是什么呀？"老夫妇去年就来过这里，早见过这情景，已经屡见不鲜，笑着告诉我："是萤火虫。"我不好意思地对他们说："我都有好几十年没有见过萤火虫了。"他们连声道："是啊，是啊，在我们的城市里，已经见不到萤火虫了。"

想想，真的是久违了，我以前看见的萤火虫，还是童年，住在北京胡同里的大院的时候。算算日子，至少有五十年的光阴了。那时，我住在一个叫粤东会馆的三进三出的大院里，在花草中和墙角处，不仅能见到萤火虫，还能听得见蟋蟀、油葫芦和纺织娘的叫声。夏天的夜晚，满院子里疯跑捉萤火虫，然后把萤火虫放进透明的玻璃小瓶里，制作我们自认为的"手电筒"，再满院子里疯跑，是我们孩子最爱玩的游戏。

如今，在北京，不仅这样的四合院越来越少，就是有这样的四合院如果仅存，孩子们也再见不到萤火虫，玩不成这样的游戏了。如今的城市，有霓虹灯和电子游戏，比萤火虫的闪烁要明亮甚至炫得神奇，但是，那些毕竟是人工的，不是来自大自然的光亮。如今，童话般的心理感觉和视觉冲击，往往来自电脑制作或3D电影。其实，对于孩子，乃至成年人，那种童话般的感觉和感动，更多的应该是来自大自然。现在越来越高科技现代化的城市，隔膜住了大自然，让我们远离了大自然。

之所以想起了去年和萤火虫重逢的事情，是前两天在报纸上看到一则这样的消息：如今，在淘宝网上可以买到萤火虫。每只萤火虫卖3元到4元，一般批量出售是以一百只萤火虫为单位的。接到订单之后，商家指派人到野外去捉萤火虫，但大多数是在人工仿生态的环境下人工饲养的。把萤火虫捉到后，把它们装进扎了小孔的塑料瓶里，空运过来。这些活体萤火虫用于情侣放飞、婚庆气氛的营造。网上的广告上说：送她可爱的萤火虫，可以营造出非常温馨浪漫的情调。

心里不禁有些感慨。曾经伴我们儿时游戏的萤火虫，如今被发现了身上具有的商业价值。是什么让它们具有了商业价值？城市赶走了它们，再把它们请回来的时候，它们就摇身一变。这样坐着飞机千里迢迢而来的萤火虫，不再是我们的朋友，而成为了我们花钱买来的商品，放飞的还是以前我们曾经拥有过的童话感觉或浪漫感觉吗？

想起了法国作家于·列那尔写过的一首题为《萤火虫》的散文诗，只有一句话："有什么事情呢？晚上九点钟了，他屋里还点着灯。"如今，他屋里还能够为我们点着灯吗？

应无所住

　　世上有一些人是应该记住的。如果根本就不知道，是见识的浅陋；如果知道了而没有记住，是心无所持，犹如荒漠，撒下再多的种子，也难以发芽。

　　在南华寺，我见到了虚云大师。说准确些，是见到了虚云大师题写的一块碑刻。

　　南华寺在广东韶关曲江东6公里处，北靠青山，南邻绿水，始建于南朝，有1600年的历史，是六祖惠能弘扬禅宗的道场，香火鼎盛，可谓岭南名寺。我是在快出寺门时看到的这块碑刻，不大，青石板上镌刻着清秀的四个大字"应无所住"，题款是"虚云时年一百二十岁"。我知道，虚云大师长寿，活了一百二十岁。这是他临终前留给世上最后的一幅墨迹，可以和弘一法师最后留下的"悲欣交集"媲美。据说虚云大师圆寂的时候，老梅枯枝突然开起梅花，而寺中菜园里的青菜尽放出了莲花。

　　有意思的是，旁边一位朋友指着这块碑刻上的"住"字对我说："这是虚云大师故意少写了一笔？应该是'往'字，应无所往。"立刻，旁边有人反唇相讥："不对，就应该是'住'字，《六祖坛经》里有记载：'应无所住，而生其心。'"两种解释，两种意思，如果是"往"，则来路茫茫心无所依而虚无；如果是"住"，则了无牵挂而心静禅明，即六祖所说最有名的那一偈：菩提本无树，明镜亦非台，本来无一物，何处惹尘埃。

我对《六祖坛经》一无所知，查了书，知道后者是对的，这是五祖传授衣钵之前，对惠能讲述《金刚经》时说的一句话："应无所住，而生其心。"惠能听后大悟，五祖方才授其衣钵，命其六祖。对惠能，五祖还说了关于衣钵与经法的另外一段话："法则以心印心，皆令自悟自解，衣乃争端之物，止汝勿传。"以我浅薄之见，觉得这应该是对"应无所住，而生其心"的进一步解释，精神上的追求，永远高于身外之物的无谓争端，心才能够澄清明净。

虚云大师就是这样的一个人。1935年，南华寺已经一片凋败，时任国民政府广东省主席的李汉魂将军力邀虚云大师来主持修建南华寺，当时虚云大师已经96岁高龄。历时10年，艰苦卓绝，才有了我们现在看到的南华寺。要知道，这10年中正有抗日战争的8年，战火连绵之中，依然痴心不改，一意孤行，修建古寺，这可是巨大的工程，该是多么的"应无所住，而生其心"。

在参谒南华寺时，我听说了关于虚云大师这样一件往事，心里对他更加景仰。日本鬼子的战火即将烧到南华寺的时候，是虚云大师将寺中五百木雕罗汉，都藏在了大雄宝殿的三宝佛像的肚子里，逃过了战火一劫。这五百木雕罗汉可是南华寺的宝贝，北宋的作品，全部紫檀，高50公分，和大雄宝殿墙上的立体泥塑的五百罗汉相对应，须眉毕现，极为罕见，如今成了国宝。为了保险，这个秘密只有虚云大师一人知道，一直到20世纪60年代，人们打扫大雄宝殿的卫生的时候，才偶然发现了三宝佛像肚子里的秘密。"应无所住"，是指个人的修行，洗去尘心；而面对国家面对正义尊严的时候，佛心所向，则是另一番景象。

1935年到1942年这7年中，虚云大师都在南华寺，也就是说，从96岁到103岁，他都在这里，他在这里度过了自己的百年寿辰。战乱的绵延与繁重的修建南华寺之中，不知道是否有人为他祝寿。在大雄宝殿的旁边，见到一株拥有250年树龄的菩提，禁不住心中一动，想起古罗马的哲人奥维德，希望自己死后能够变成守护神殿的一株树。这株枝叶参天的菩提，应该就是虚云大师的寿像。我仰头观望，秋高气爽，夕阳辉映下，树冠袅袅升腾起一团红云。

北京的门联

　　我一直以为，门联最见老北京的特色。这种特色，成为了北京的一种别致的文化。国外的城市里，即便有古老宏伟的建筑，建筑有沧桑浑厚的门庭，但它们没有门联。就像它们的门庭内外有可以彰显它们荣耀的族徽一样，北京的门联，就是这样的族徽一般醒目而别具风格。有据可考，北京最早的门联出现在元代之初，元世祖忽必烈请大书法家赵孟頫写了这样一副门联：日月光天德，山河壮帝居。可见门联在北京的历史之久了。当然，这样的帝王门联，是悬挂在元大都的城门之上的。我这里所说的门联，是指一般人们居住的院子大门上的那种。但我相信彼此只有地位的不同，其形态与意义，是相似的，也可以说，是一脉相承的。北京院落大门之上的门联，是忽必烈门联的变种，衍化而已，就像皇家园林变成了四合院里的盆景。

　　说起北京的门联能够兴起，和老北京城的建筑格局有关。老北京的建筑格局是有自己的一套整体规划的。从紫禁城到左祖右社、四城九门，一直辐射到密如蛛网的街道胡同，再到胡同里的大宅门四合院，再到四合院的门楼影壁屏门庭院走廊，一直到栽种的花草树木，都是非常讲究的，是配套一体的。而作为老北京最具有代表性特征的四合院，大门是给人的第一印象，就像给人看的一张脸，所以叫作门脸儿，自然格外重视。老北京四合院大门，皇帝在时，是不允许涂红色，都是漆成黑色的，只有到了民国之后，大门才有了红色。所以，现在如果看到那种古旧破损的黑漆大门，年头是足够老的了，而那种鲜亮的红漆大门，大多是后起的暴发户。

老北京四合院的大门，一般都是双开门，这不仅是为了大门的宽敞，而是讲究中国传统的对称，这就为门联的出现和普及提供了方便，门联便也就成为了大门的一种独特的组成部分。这种最讲究词语和词义对仗的门联，和左右开关的对称大门，正好剑鞘相配，一拍即合。在老北京，这样的四合院大门上，是不能没有门联的，门联内容与书写水平的高低，体现着主人的文化，哪怕是为了附庸风雅呢，也得请高手来为自己增点儿门面——你看，提到了这个门面的词儿，北京人，一贯是把门和脸放在一起等同看待的。

现在，外地人外国人看北京，看什么呢？胡同越来越少了，四合院越来越少了，大门上的门联，一般都得有百年左右的历史，随着岁月风霜的剥蚀，本来就已经所剩不多，这样的胡同和四合院大批量的拆迁，自然也就越发难以见到了。我还发现，前几年曾经亲眼看见的门联，现在，有的已经看不清楚了，有的索性连门带院都夷为平地了，许多你认为美好有价值的事物，被当成废土垃圾一起清除，好像一切以新建大楼的建筑面积来计算价钱了，而且还能够翻着跟头一样连年翻番。

我只能把我这几年跑街穿巷所看到的一些门联，赶紧介绍给大家，有兴趣者，可以前往一观，兴许过不了多久，它们便再也看不见了——

　　　　　"诗书修德业，麟凤振家声"

　　　　　"读书使佳，好善最乐"

　　　　　"多义为富，和神当春"

　　　　　"绵世泽不如为善，振家业还是读书"

　　　　　"芳草瑶林新几席，玉杯珠柱旧琴书"

　　　　　"忠厚培元气，诗书发异香"

这几副门联，都是讲究读书的，我们的祖先是崇尚万般皆下品，唯有读书高的。所以，老北京的门联里，这类居多，最多的是"忠厚传家久，诗书继世长"。这几副门联，写的意思是一样的，但特色不一样，要我来看，"多文为富，和神当春"，写得最好。如今，讲究一个"和"字，但谁能够把"和"字当作神和春一样虔诚地看待呢？又有谁能够把文化的多少决定着你未来富有的基础来对待呢？再看"忠厚培元气，诗书发异香"，以前院子的主人是一个卖姜的，你想想，一个卖姜的，都讲究诗书，多少让现在我们的大小商人脸红。

> "经营昭世界，事业震寰球"；
> "及时雷雨舒龙甲，得意春风快马蹄"；
> "恒占大有经纶展，庆洽同人事业昌"。

这三户主人都是商家，但三副门联写得直白而坦率。老北京，这类门联也颇多，最有代表性的莫过于"生意兴隆通四海，财源茂盛达三江"了。

同为商家，"吉占有五福，庆集恒三多"，写得略好，吉庆也是商家的字号，嵌在联里面；五福即寿、富、康、德和善终；三多即多福多寿多子孙；都是吉利话，但具体了一些。

"源头得活水，顺风凌羽翰"，"源深叶茂无疆业，兴远流长有道财"，"道因时立，理自天开"，这三副，前两副都说到了经商之"源"，后两副都说到了经商之"道"，第一副比第二副说得要好，好在含蓄而有形象；第三副比第一、二副说得也好，这是一家当铺，后来当过派出所，不管干什么，都得讲究个道和理，好就好在把道和理说得与时世和天理相关，让人心服口服，有敬畏之感，不敢造次。

再看，"定平准书，考货殖传"，"平准"和"货殖"均用典，货殖即是经商；平准，则是在汉朝时就讲究的经商价格的公平合理，那时专门设立了平准官；虽然显得有些深奥，但讲的是经商的道德。

"生财从大道，经营守中和"，说得朴素，一看就懂，讲究的同样是经商的一个道德，前后对比，却是一雅一俗，古朴兼备，见得不同的风格。

能够将门联既作得有学问，又能够一语双关，道出自身的职业特点的，是这类门联的上乘，也是更为常见的。"义气相投裘臻狐腋，声名可创衣赞羔羊"，一看就是经营皮货买卖的，是户叫义盛号的皮货商。"恒足有道本似水，立市泽长松如海"，一看就是经营木材生意的，而且将自己的商号含在门联的前一个字中，叫恒立。能够让人驻足多看两眼，门联就是他们的漂亮而别致的名片。

将门联作为自己的名片，让人一眼看到就知道院子主人是干什么的，也是北京门联的一个特点，一种功能。比如卖酒的：杜康造酒，太白遗风；看病的：杏林春暖，橘井泉香；洗澡的：金鸡未唱汤先热，玉板轻敲客远来；剃头的：虽为微末生意，却是顶上功夫……可惜的是，这里好多在小时候还曾经看到过的门联，如今已经难得再见。我见到的，只有北大吉巷43号的：杏林春暖人登寿，橘井宗和道有神。那是老中医樊寿延先生的老宅。还有钱市胡同里几副：增得山川千倍利，茂如松柏四时春；全球互市翰琛书，聚宝为堂裕货泉；万寿无疆逢泰运，聚财有道庆丰盈；聚宝多流川不息，泰阶平如日之升。都是当年铸造银锭的小作坊。

当然，在门联中，一般住户，不在意那些的一语双关，着意家庭的更多，或祝福家声远播，家业发达——

　　　　"河内家声远，山阴世泽长"；
　　　　"世远家声旧，春深奇气新"；

“子孙贤族将大，兄弟睦家之肥”。

或祝福合家吉祥，太平和睦——

“居安享天平，家吉征祥瑞”；

“家祥人寿，国富年丰”；

“瑞霞笼仁里，祥云护德门”。

或期冀水光山色，朋友众多，陶冶性情——

“山光呈瑞泉，秀气毓祥晖”；

“圣代即今多雨露，人文从此会风云”；

“林花经雨香犹在，芳草留人意自闲”。

但更多的还是讲究传统的道德情操——

“惟善为宝，则笃其人”，讲的是一个善字。“恩泽北阙，庆洽南陔”，诗经里有“南陔”篇，讲的是一个孝字。

“文章利造化，忠孝作良园”，讲了一个孝字，又讲了一个忠字。

“门前清且吉，家道泰而康”，讲的则是做人的清白。“芝兰君子性，松柏古人心”，讲的则是心地品性。只不过，前者说得直截了当，后者用了比兴的古老笔法。而“古国文明盛，新民进化多”，则可以看出完全是紧跟民国时期的新潮步伐了。

最有意思的是，草厂五条27号，它原来是湖南宝庆会馆，很深的左右两层大院，高台阶，黑大门，那副门联不是在大门上，而是刻在门两旁的塞余板上，很特殊。“惟善为宝，则笃其人”。

遗憾的是，我所看到的，仅仅是老北京门联的一小部分了，不知还有多少精彩的，已经和我们失之交臂。仅就我听说的，原广渠门袁崇焕故居就有：自坏长城慨古今，永留毅魄壮山河。大外廊营谭鑫培英秀堂老宅有：英杰腰间三尺剑，秀士腹内五车书。烂漫胡同东莞会馆有：奥峤显辰钟故里，蓟门风雨引灵旗。海柏胡同朱彝尊故居的古藤书屋有：一庭芳草围新绿，十亩藤花落古香。粉房琉璃街的新会会馆有：新诗日下推新彦，会客花间话早朝……当然，再往前数，在曾朴的《孽海花》里，还记录着保安寺街曾经有过的一副有名的门联：保安寺街藏书十万卷，户部员外补阙一千年。此门联民国时还在，曾经让朱自清先生流连颇久。自然，那都是前尘往事，显得离我那样的遥远了。

我最喜欢的是在东珠市口大街的冰窖厂胡同曾经有过的一副门联：地连珠市口，人在玉壶心。以玉壶雅喻冰窖厂，地名对仗得如此工整和古趣，实在难得。我一连去冰窖厂胡同多次，都没有找到这副门联；也曾多方向老街坊打听，也没有打听到这副门联曾经出现在哪一家院落的大门上。

有一阵子，我迷上了门联，胡同串子似的到处乱串，像寻宝一样地寻觅门联。因为我心里隐隐地感觉，这样的门联，也许快要成为"夏季里最后一朵玫瑰"了。有一次听人告诉我，在宣武门外校场口头条47号有一副门联，格外难认，却保存完好，我立刻赶过去，一看，像小篆字，又像钟鼎文，古色古香，其中几个字，我也认不得。一打听，才知道门联是：宏文世无匹，大器善为诗。再一打听，此院原住的是我汇文老校友、前辈学者吴晓玲先生，这样的门联只有他这样学富五车的人才匹配。去的时候，正是夏天，院子里有两棵大合欢树，绯红色的绒花探出大门，与门联相映成趣，很是难忘。

还应该补充这样几个门联，都是独眼一般半副。一在南柳巷林海音故居对面51号，右边半扇门上，"香光随笔是为画禅"。一在杨梅竹斜街90号，左边半扇门上，"合力经营晏子风"。后者，大院里新搬来一户，就住在大门的右边，为了把房子往外扩大一些，人家和房管局的人认识，就把右边的大门给卸了，换上了一扇小门，便只剩下了这半副门联，这么多年来，让晏子一人孤胆英雄一般独挡风雨。

另一在长巷五条路东一个小院，只剩下半扇门，摇摇欲坠，破裂得木纹纵横，但暗红色漆皮隐隐还在，凸刻着"荆楚家风"。过了几天，我路过那里，门联没有了，换上了两扇新门，涂着鲜红的油漆，像张着涂抹劣质口红的两瓣嘴唇。

真的，在越来越多的四合院和胡同的拆迁下，在越来越多的高楼挤压下，我觉得这样的门联快看不见了，或者说要看以后得去博物馆看了。在唯新是举的城市建设思维模式下，大片的老街巷被地产商所蚕食，拔地而起的高楼大厦，似乎要比四合院更有价值，却不知道没有四合院的依托，北京城还是北京城吗？没有了四合院，那些存活了近百年的门联，上哪儿去看呢？那些同欧洲房子前的雕塑和族徽一样，是北京自己身份的证明呀。我们就像狗熊掰棒子，为了伸手摘取自以为是的东西，轻而易举地丢弃了最可宝贵的东西。

前两天，我陪来自美国的宝拉教授去大栅栏，特意去了一趟钱市胡同，窄窄的胡同里，静无一人，那几副老门联还在，只是有的已经字迹模糊了。其实我才两三年没去那里，日月风霜的剥蚀，比想象的要快。

老北京的门联啊！

【写作提示】

糖葫芦法则

——素材处理方法另一种

珠了串联法，自有其好处。单一素材集中在一起，便真的没有不同的珠子串联法好？或者一样可以简便易行吗？

其实，也不见得。什么样的方法，都是因文章的主旨而异的。文章确定的主旨，和文章选用的素材，两者的关系，是有相互作用力的，不一定非要以谁为主或为准的。关键看你自己的需要。

这里所说的需要，一般指的是两个方面：一是根据自己所占有的素材来确定主旨，是现汤煮现面的方法；一是先确定好文章的主旨，再来选择相适配的材料，是根据自己房间的大小和风格，先有一个设计图，再来选择装修材料的需要和配备。这两个方面，有个先后的问题，先后的不同，材料的选择和处理的方法也就有所不同。

第**9**堂课

如何布局文章

喝得很慢的土豆汤

那天下午，我和妻子路过北大，因为还没有吃午饭，忽然想起儿子曾经特意带我们去过的一家生意很红火的朝鲜小饭馆，便去了这家小饭馆。

因为不是饭点儿，小馆里空荡荡的，一个胖乎乎的小姑娘笑着问我们吃点什么。我想起上次儿子带我们来，点了一个土豆汤，非常好吃，很浓的汤，却很润滑细腻，特殊的清香味儿，撩人胃口。不过已经过去两个多月的时间，我忘记是用鸡块炖的，还是用牛肉炖的，便对妻子嘀咕："你还记得吗？"妻子也忘记了。

没想到，小姑娘这时对我们说道："上次你们是不是和你们的儿子一起来的，就坐在里面那个位子？"

我和妻子都惊住了。她居然记得这样清楚！更没想到的是，她接着用一种很肯定的口气对我们说："那次你们要的是鸡块炖土豆汤。"

我还是开玩笑地对她说："你就这么肯定？"

她笑了："没错，你们要的就是鸡块炖土豆汤。"

我也笑了："那就要鸡块炖土豆汤。"

刚才和小姑娘的对话，让我在那一瞬间想起了儿子。思念，一下子变得那么近，近得可触可摸，仿佛一伸手就能够抓到。两个多月前，儿子要离开我们回美国读书的时候，特意带我们来到这家小馆，特别推荐这个鸡块炖土豆汤，所以，那一次的土豆汤，我们喝得很慢很慢，临行密密缝一般，彼此嘱咐着，一直从中午喝到了黄昏。许多的味道，浓浓的，都搅拌在那土豆汤里了。

事情已经过去两个多月，这个小姑娘居然还能够如此清楚地记得我们坐的具体位置，而且还记得我们喝的是鸡块炖土豆汤，这确实让我百思不解。汤上来了，我问小姑娘，她笑笑，望望我和妻子，没有说话，转身离开。

我抿了一小口，两个多月前的味道和情景立刻又回到了眼前，熟悉而亲切，仿佛儿子就坐在面前。

那一天下午的土豆汤，我们喝得很慢。

临走的时候，我忍不住又问小姑娘，还是那样抿着嘴微微笑着，没有回答。

又过了好几个月，树叶都渐渐变黄了，天都渐渐地冷了。那天下午，还是两点多钟，我去中关村办事，那家小馆，那个小姑娘，和那锅鸡块炖土豆汤，立刻又从沉睡中苏醒过来似的，闯进我心头。离这不远，干吗不去那里再喝一喝鸡块炖土豆汤？

因为不是饭点儿，小馆依然很清净，不过里面已经有了客人，一男一女正面对面坐着吃饭，蒸腾的热气弥漫在他们的头顶。背对着我坐着是一个年龄颇大的男子，走近了，我发现那个女的，就是那个胖乎乎的小姑娘。她也看见了我，向我笑笑，算是打了招呼。那男的模样长得和小姑娘很像，不用说，一定是她父亲。

我要的还是鸡块炖土豆汤。因为炖汤要一些时间，我走过去和小姑娘聊天，看见他们父女俩要的也是鸡块炖土豆汤。我笑了，她也笑了。

我问："这位是你父亲？"

她点点头，有些兴奋地说："刚刚从老家来。我都和我爸爸好几年没有见了。"

"想你爸爸了！"她笑了，她的父亲也很憨厚地笑着。

　　难得父女相见，我能想象得出，一定是女儿跑到了北京打工好几年了，终于有了一次父女见面的机会。我不想打搅他们，但我的心里充满了感动。我忽然明白了，这个小姑娘当初为什么一下子就记住了我们和儿子，记住了我们要的土豆汤……

　　那一个下午，我的土豆汤喝得很慢。我看见，小姑娘和她的爸爸那一锅土豆汤也喝得很慢。亲情，在这一刻流淌着，浸润了所有的时间和空间。

肖邦之夜

四季之夜，秋夜在北京最美。去年北京的秋夜，因有一夜是傅聪演奏的"肖邦之夜"，更是平添了一分难得的美丽与温馨。

音乐并非与北京无缘。北京有无数的夜晚，歌吹乐喧，有的是"迪斯科"和伪摇滚，也不乏酒吧的靡靡之音，还有大街上劣质音箱里迸发出的燥热的电子乐声。只是没有肖邦，肖邦似乎在遥远的巴黎或者华沙。

是傅聪为我们带来了肖邦，从异国他乡，从夜的深处。

傅聪走上台来，一件黑色的燕尾服，和18年前回国演奏时好像没什么两样。他的手指还是那样的美，虽然缠着绷带，却依然柔若无骨，触动琴键时连琴键也变得柔软得如一匹黑白相间的丝绸。我坐在楼上的第一排，他的手指看得格外清楚，清风临水一般掠过琴键，那美妙的琴声便像是荡漾起一圈圈清澈动人的涟漪，偌大的剧场和我的心都被这琴声抚摩得有些湿润了。

看傅聪坐在钢琴前弹奏，让我不禁想起了柏辽兹当年看肖邦在钢琴前演奏时曾经说过的话："他变成了一位诗人，歌颂着自己幻想中的主人公奥西安式的爱情和骑士风度的功勋，歌唱着他遥远的祖国。"在我眼中，傅聪和肖邦在钢琴旁叠印着，融为一体。想想他和肖邦共同的身世，萍飘絮泊，浪迹天涯，便越会体味出柏辽兹话中的滋味。

说实话，傅聪带来的肖邦的钢琴曲，我有许多的遗憾。我并不大想听肖邦的前奏曲，虽然才华横溢，但怎么也脱不出练习曲的痕迹，是太小的小品。而我想听的那些情爱缠绵、美丽而忧郁的夜曲，他此次并未演奏，比如被誉为"抒情诗篇"的升F大调和降D大调夜曲。但他毕竟为我们带来了那样动听的、明朗而宁静的降B小调、降E大调夜曲，凝神谛听，琴里关山，梦中明月。还有他年轻时弹奏、得到了肖邦钢琴比赛大奖而就此走向世界的、他最拿手的玛祖卡……这就够了，因为它们毕竟都是玲珑剔透的诗。在一个枫树已不再那样火红、银杏已不再那样金黄的"污染"严重的季节，在一个包括音乐在内的文化世界变得王纲解体却王旗频变的季节，一颗赤子之心尚存，一粒诗的种子尚存，不仅保护得那样好，还能让它绽放出如此美丽清新的花朵来，已是实属不易之事了。

是的，"肖邦之夜"并非抒情之夜。那样，就误会了肖邦，也误会了傅聪。听肖邦，确实能听出美丽与缠绵；但的确也能听出断鸿声远、天涯望尽，听出万里寒烟、一片冰心，听出心律如歌、思念似海……

演出结束了，大家拼命地为他鼓掌，他双手抱在胸前深深地向大家鞠躬。

那晚的夜色真好，好像真的滤掉了许多喧嚣和浊热，好像真的充溢着几分宁静和沉思，好像真的在路的远方、在夜的深处有关切的呼唤和等待……是因为有这美妙的琴声，像花香一样弥散在夜色之中；是因为有"肖邦"向我们走来，用那有些冰凉却柔软的手指，用那善感的心和美好的音乐，将夜色和我们一起拥抱。我知道以后会有许许多多的夜晚在等待着我们，但肖邦之夜并不会多。许多的美好，就是这样的短暂易逝，却会长久地印在我们的生命里。

回家的路上，肖邦渐远。起风了，吹起的尘埃飘荡在秋日的夜空，与落叶同飞。

【写作提示】

折叠法、悬念和衬托

——文章的结构处理

一篇文章的结构处理，就像一座花园布局的设计，从哪儿入门，从哪儿出门，哪儿是重要的花坛，哪儿是连接花坛的草坪和树木，哪儿是曲径通幽的甬道，哪儿是休息的座椅，等等，设计时都是有讲究的。文章的结构处理，也应该是这样有讲究才行。就像好多花园看上去非常漂亮，却看不出一点人为设计的痕迹，好的文章结构也应该是鸟飞天际了无痕迹一样自然才是。这应该是我们学习写作必须努力的方向，也是文章结构处理的难点。

当然，这和文章的构思有关，但结构又不完全等同于构思，而应该是在构思完成之后具体的安排。构思是设计的蓝图，结构则是能够具体落实在实际中的立体三维图纸了。

很多同学读过我的《喝得很慢的土豆汤》之后，都觉得写得不错，而且认为很自然，以为生活的实际就真的如文章写的那一种顺序，写作就是顺着这个顺序，水一样地流淌下来，完成得很方便。其实不是这样的，文章是经过构思之后进行了结构具体安排的结果。

这篇文章的构思很明确，围绕着土豆汤和那个胖乎乎的小姑娘服务员做文章，一共包含着三次喝土豆汤：第一次是暑假里，我和妻子和孩子，在与孩子分别之际，全家一起喝土豆汤；第二次是两个月后，我和妻子路过这家餐馆，一起喝土豆汤；第三次是又过了几个月，冬天到来的时候，我看见小姑娘和从老家来北京看望她的父亲一起喝土豆汤。

如果按照时间顺序，应该是这样才对。如果按照我有了写作的冲动并有了文章最初的构思，应该是在第三次看见父女喝土豆汤的时候，才将前两次一下子想了起来，串联了起来。

但是，同学们现在看到的文章的结构，既不是按照真实事情发生的时间顺序，也不是按照最初构思的思路来写的，而是将第二次放在文章的开头来写。我将这种方法称之为"折叠法"，就像把一张纸先叠起来，把纸的头部折进中间，将纸的中间折到了外面，成为了最前端。具体到这篇文章，是将第二次喝土豆汤折出到最外面，即开头部分，最先来写，而将第一次喝土豆汤折了进去，放在中间来写。

纸还是那张纸，但经过这样一叠，纸的形状变了，折纸才成为了一种独特的艺术。

为什么要这样折叠一下，即将时间顺序置换一下呢？这样做的好处在哪里呢？这样写，在于可以使文章有了一点悬念：为什么你们第二次来喝土豆汤，时间已经过去了两个月，那个小姑娘还记得你们，而且记得你们和孩子一起来时坐的位置，喝的就是土豆汤？这个问号，在读者一开始读文章的时候，就很容易打在心里。如果按照事情发生的顺序来写，文章的开头，就失去了悬念。悬念如果能够适当地运用在一般的散文或我们同学的作文中，会起到不错的效果，可以增加文章的可读性，吸引读者读下去。

需要注意的是，悬念不是人为的设置，不是为悬念而悬念的故弄玄虚。我的好多篇文章并没有悬念，为什么这篇文章运用了悬念？因为生活的素材为我提供了悬念的可能性，而且非常自然，符合文章中的人物和读者双方面的心理期待．这样的悬念，是生活本身为我们提供的方便，而不是我们自己故意为之，这样才是最好的选择。文章的"折叠法"的运用，主要不是为了设置悬念，而是为使得文章的开篇更能够吸引人，使得文章更紧凑，节奏感更强，尽量可以避免流水账。

这篇文章还有一点，同学们也应该注意到了，即题目中的土豆汤前有一个"喝得很慢"的限制词。这个限制词，也是文章构思重要的一部分，也就是喝土豆汤，而且喝得很慢，构成了构思的两个层次：为什么喝土豆汤？又为什么喝得很慢？便是文章要解决的两个问题，这两个问题解决了，读者清楚了，文章就达到目的了。

那么，怎么解决这两个问题呢？喝土豆汤好说，三次喝的都是土豆汤嘛。喝得很慢呢？前两次我们和孩子以及我和妻子喝得很慢，不是文章的重心，文章的重心，是小姑娘和她的父亲分别好几年后重逢时喝土豆汤喝得很慢。前两次喝得很慢，完全是为了衬托第三次的很慢；前两次的很慢，是为了衬托第三次很慢的出场；前两次的很慢，是第三次很慢的前奏和回声，因此才会把亲情衬托得更加动人，就如文章所写的那样："没有比亲人之间分别的思念和相逢的欢欣，更能够让人感动和难忘的了。亲情，在那一刻流淌着，润湿了所有的时间和空间的距离。"这句话，与其说是点题，不如说是我为这一对父女所感动，是这篇文章最初写作由来的根本点，是前两次的很慢与第三次的很慢的一种融合与交响。

这一篇文章运用了折叠、悬念和衬托三种方法，只是想说明文章结构的方法多样性，不是说一篇文章非得用这样几种方法。同学们学会其中的一种方法，能够恰当地运用在文章的结构中，就是成功。这三种方法，尤其是第一种"折叠法"，我以为运用起来最为实际，特别是在文章材料先后的处理，和文章开头的设计方面，尤为常用和便捷。

第⑩堂课

想象力从哪里来

暮年放翁和晚年雷诺阿

放翁晚景颇惨："医不可招惟忍病，书犹能读足忘穷。"他以笔写心，聊以用读书和写作维持着清贫的自尊。看《剑南诗稿》末几卷，更多的是平常之心。

"九十衰翁心尚孩，幅巾随处一悠哉，偶扶拄杖登山去，却唤孤舟过渡来。"他兴趣盎然，不断地杖藜外出。"买尽烟波不用钱"，他那时对外出接触世风民情与大自然的理解，和我们如今某些豪华的旅游大相径庭。所以，他从司空见惯中看出"山从树外参差出，水自城阴曲折来"，看出其中我们容易忽略不计的迂回有致的曲线；他从屡见不鲜里看到"片月又生红蓼岸，孤舟常占白鸥波"，看到其中我们常常视而不见的斑斓色彩。同时他看到农事稼穑，体味到乡间情味："邻父筑场收早稼，溪姑负笼卖新茶。"

在家，"羹煮野菜元足味，屋茨生草亦安居"，知足常乐。日复一日平淡的生活，他却能够捕捉到生趣。"小担过门尝冷粉，微风解箨看新篁；旁篱邻妇收鱼钩，叩门村医送药方。"偶然过门的小贩卖的凉粉，微风之中钻出土的新竹，邻居女人收起渔钩，村里的赤脚医生送来药方，这些琐碎的生活，放翁一一入诗，让人感到平易中的温馨。

"挂墙多汉刻，插架半唐诗"、"浅倾家酿酒，细读手抄书"，书不再是安身立命的功名之事，而是一种惯性的生活和心情的轨迹。"体倦尚凭书引睡"，能够想象着那时的放翁，一定是看着看着书，眼皮一搭，书掉在地上，书成了他的安眠药和贴身知己。

读暮年放翁，总想起钱锺书先生的论述，钱先生特别强调"咀嚼出日常生活的深永的滋味"，并说"陆游全靠这方面去打动后世好几百年的读者"。

读暮年放翁，我忍不住想起晚年时的雷诺阿。

去年的夏天，美国费城专门举办了"晚年雷诺阿"画展。我特意赶去看，发现晚年雷诺阿已经半身不遂，坐在轮椅上，把画笔绑在手臂上，画出的大多是女人的身影和裸体，无一不是肥硕的、健康的、美丽的。特别是画展的最后一幅，叫作《音乐会》，两个肥硕的女人正穿衣打扮，准备去听音乐会。那两个女人占满整幅画框，满怀的喜悦之情，几乎要把画框冲破。

看到满满几个展厅的画作，想到一个老迈残病之躯，创作力那么旺盛。雷诺阿活了78岁，放翁活了86岁，他的活力和雷诺阿真的很像，几乎每一天都在写诗。82岁时，放翁写过一组《戏遣老怀》，其中有"花前骑竹强名马，阶下埋盆便作池"。返老还童，是和雷诺阿把女人都画成肥硕的一样的童心，一样的赤子之心呀。

画画是不用手的

去年的夏天，美国费城专门举办了一个叫作"晚年雷诺阿"的画展，从全世界的美术馆里收集到了雷诺阿晚年几乎所有的作品。虽然早知道雷诺阿47岁开始患病，风湿造成关节炎和肺炎交织，一直在折磨着他；70岁时已经半身不遂，无法行走，只好坐上了轮椅。但是，在展览会的一间很小的放映厅里看到的一部黑白电影，发现晚年在戛纳家中的雷诺阿，枯叶一样萎缩在轮椅上的情景，还是让我格外吃惊。雷诺阿本来个子就矮小，萎缩在轮椅上的雷诺阿，显得越发的瘦小，银须飘飘，老态龙钟、瘦骨嶙峋的样子，实在让我不敢相信这就是印象派的伟大画家雷诺阿。

更让我吃惊的是，就是这样老病缠身的雷诺阿，内心却依然如同一座火山一样，充满那样旺盛的创作力。在电影里，看到他把画笔绑在手臂上，挥洒着油彩在画架前工作的情景，实在是我想象不出来的。他穿着类似医生白大褂一样的画衣，衣服上沾满了油彩，显得脏兮兮的。他的手臂如同枯枝，骨节变形的手指上长满节瘤，贴着胶布，缠着绷带，每画一笔都要比一般人费劲了不知多少倍，为了免去换画笔的麻烦，他不得不使用同一支画笔，每用完一次油彩后，在旁边的松节油里涮一涮，接着再画。画架前的那种老迈、迟缓与艰难，和画面上画出的那些明亮的色彩，那些充满生气的人物，那些几乎都是阳光照透的树木花草湖水的景物，对比得那样的醒目，甚至触目惊心，似乎有意在展示人生的艰难与美好的两种面貌。

我特别注意到，雷诺阿的一双眼睛，竟然是那么的明亮。已经是一个快80岁的老人了，居然还能有这样明亮的眼睛，实在也是奇迹。或许，正是因为有这样明亮的眼睛，才让他洞悉世界，将他所画的这个世界一样的明亮起来吧？

偌大的几个展厅，展览的都是雷诺阿晚年的作品。一个瘫痪在轮椅上的老人，一个画笔要绑在手上的画家，还能够画出这样多的画作，实在并不是每一个人都能够做到的。这需要才华，需要勇气，需要毅力，更需要对于命运斗争的信心和力量。命运对于每个人其实都会有阴阳两面，这两面其实就是都会有成全你的一面，和折磨你的一面。一般人，很容易在前一面春风得意，而在后一面垂头丧气。雷诺阿和我们一般人不一样的地方，在于他在面对后一面的时候，没有垂头丧气，而照样昂起了头来，他才会手已经拿不住画笔了，依然把画笔绑在手上，也要坚持作画。在这样的倔强面前，命运再桀骜不驯，也对你垂下头来。

这样的命运刁难和考验，早在雷诺阿37岁的时候，就已经来过一次了。那时，他右手腕骨折，无法握笔作画，他就是痒的不甘心，不服输，用左手作画，照样让命运向自己垂头。那时候，他画出的《海女》、《抱着猫打瞌睡的女子》，都获得好评。所以，当这一次，命运更沉重的打击到来的时候，他一样坦然面对。既然在这个世界上路了，就不可能全部都是平坦的大路，崎岖的、坎坷的、充满折磨的小路，甚至弯路，都会存在，你只有一样勇敢地走过去了，才有可能不半途而废，而将这条人生与艺术的路坚持走到底。

所以，晚年坐在轮椅上的雷诺阿对朋友说："我这样足不能出户，真是幸运，我现在只有画画了！"对于这样在我们平常看来是不幸的事，他没有抱怨，却称自己："我是个幸福的人。"

对于这样把画笔绑在手上完全不同于一般画家作画的经验总结，雷诺阿说得最为让我吃惊。他这样说道："画画是不需要手的。"画画怎么可以不需要手呢？雷诺阿对于他所钟爱的绘画艺术有着与众不同的理解，他只是想强调，当病痛的折磨使得他的手无法直接自如挥洒的时候，他可以用眼睛，用心，一样能够创造奇迹。

"晚年雷诺阿"，这实在是一个好的创意，一个好的主题，一边参观画展，我一边不止这样想。雷诺阿早期的作品，他没有生病和瘫痪在轮椅上时候创作的作品，固然也非常出色，但如果我们知道这里展览的作品都是他坐在轮椅上，把画笔绑在手上画出来的，我们该会产生什么样的感觉？

有意思的是，晚年雷诺阿画的大多是女人的身影和裸体，那里的女人无一不是肥硕的，健康的，美丽的；而且，无不都是像小孩子一样天真的，清纯的，活泼的。每一个人，每一株树，每一棵花草，都是那样的金光闪耀，除了明亮的金色之外，还有绿色、黄色和红色，渗透进肌肤里，渗透进叶脉和花瓣中。特别是画展的最后一幅画，题目叫作《音乐会》，音乐会在画面之外，雷诺阿画了两个肥硕的女人正在穿衣打扮，准备去听音乐会，那两个女人占天占地，占满整幅画框，满怀的喜悦之情，几乎要把画框冲破。站在这幅油画面前，我看了很久，音乐会动人的旋律，在画面之外的远方荡漾。能够听见那动人的音乐，也能够听见来自雷诺阿心中的那动人的心曲。那种心曲的主旋律，不是悲伤和哀怨，而是对日常平易而琐碎生活的热爱和憧憬，是战胜病痛和困难的达观和乐趣，是生活的希望和期冀。让我感受到，似乎越是艰难的生计和不如意的生活，越是老迈的病身和苍凉的心态，越是让雷诺阿能够在自己的作品中彰显他敏感而张扬的心。

小溪巴赫

我一直想写一写巴赫。许多次拿起笔，又放下了。科学家爱因斯坦曾经说过："对于巴赫，只有聆听，演奏，热爱、尊敬，并且不说一句话。"像我当然要三缄其口了。

巴赫确实太伟大了，太浩瀚了。他的音乐影响三百年来人们的艺术世界，也影响了人们的精神世界，无以言说，难以描述。我确实不知道该怎么来写巴赫。但我又实在想写巴赫。

鼓励我写下去的原因，是我偶然间看到一个资料，巴赫(Bach)德文的意思是指小小溪水，涓涓细流却永不停止。似乎这个德文的原意一下子解读开巴赫的一切，我豁然开朗。

我听到的巴赫的第一支乐曲是《勃兰登堡协奏曲》，还只是其中的片断。因为这里面有经威廉汉姆改变而异常动听的《G弦上的咏叹调》。但当时勃兰登堡对它根本不屑一顾，将这支乐曲曲谱的手稿混同在其他曲谱中一起卖掉，一共才卖了36先令。可以说，如果没有1829年门德尔松重新挖掘并亲自演出巴赫的《马太受难曲》，恐怕巴赫的音乐到现在为止还只值36个先令。

但这样说并不准确，如果没有福尔克、门德尔松，还会有别人将巴赫音乐的真实价值挖掘出来告诉世人的。真正有价值的音乐，即使看来弱小得像潺潺的溪流，也是埋没不了的，也不会因时间久远而苍老，相反却能常青常绿。这确实是音乐独具的魅力，它同出土文物不一样，出土文物只能观看，追寻，钩稽，对比，它却能站立起来，用自己的声音塑造起形象来，抖落岁月覆盖在身上的一切仆仆风尘，让人们刮目相看。时间只会为它增值，就像陈年老酒一样，时间和醇厚的味道融为一身，互成正比。

这就是小溪的意义吧？小溪，涓涓细流，就那样流着，流着，流淌了三百年，还在流着，这条小溪的生命力该有多么旺盛。

大河可能会有一时的澎湃，浪涛卷起千堆雪。但大河也会有一时的冰封，断流，乃至干涸。小溪不会，小溪永远只是清清的，浅浅地流着，永远不会因为季节和外界的原因而冰封，断流，干涸。我们看不见它，并不是它不存在，而是因为我们眼睛的问题：近视，远视，弱视，色盲，白内障，瞎子，或只是俯视浪涛汹涌的大河，或只是愿意眺望飞流三千尺的瀑布，而根本没有注意到小溪的存在罢了。而小溪就在我们的身旁，很可能就在我们的脚下。它穿过碎石，草丛，隐没在丛林，山涧，行走在无人能达到连鸟都飞不到的地方。

在险峻的悬崖上，它照样流淌；在偏僻的角落里，它照样流淌；在阳光月光的照耀下，它照样流淌；在风霜雨雪的袭击下，它照样流淌……小溪的水流量不会肆意狂放，激情万丈得让人震撼，但它让人感动是持久的，不会一曝十寒，不会繁枝容易纷纷落，不会无边落木萧萧下，而总是一如既往地水珠细小却清静地往前流淌着。它拥有这巴洛克特有的稳定，匀称，安详，恬静，圣洁，和旷日持久的美。它的美不在于体积而在于它渗透进永恒的心灵和岁月里，就像刻进树木内心的年轮里。它不是一杯烈酒，让你吞下去立刻就烟花般怒放，烈火般燃烧；它只是你的眼泪，在你最需要的时候，珍珠项链般地挂在你的脖颈上，或悄悄地湿润着你的心房。

这才是小溪的性格和品格。

这才是巴赫的性格和品格。

　　有人说巴赫伟大，称巴赫为"音乐之父"，说在巴赫以后出现的伟大音乐家中，几乎没有一个没受过他的滋养。贝多芬，舒曼，利姆斯基–科萨科夫，雷格尔，勋伯格，肖斯塔科维奇……无数后代音乐家对巴赫无比敬仰和崇拜，甚至专门创作出有关巴赫的主题音乐，以他们钟情的乐器的鸣奏，向巴赫呼唤，表示着对巴赫的敬意。

　　听巴赫的音乐，你的眼前永远流淌着这样静谧安详、清澈见底的小溪水。

　　在宁静如水的夜晚，巴赫的音乐(那些弥撒曲和管风琴曲)，是孔雀石一样蓝色夜空下的尖顶教堂正沐浴着皎洁的月光，教堂旁不远的地方流淌着九曲回肠、长袖舒卷的小溪水，蜿蜒地流着，流向夜的深处，溪水上面跳跃着教堂寂静而瘦长的影子，跳跃着月光银色的光点……

　　在阳光灿烂的日子里，巴赫的音乐(那些康塔塔和圣母赞歌)是无边的原野，青草茂盛，野花芬芳，暖暖的地气在氤氲地袅袅上升，一群云一样飘逸的白羊，连接着遥远的地平线。从朦朦胧胧的地平线那里，流来了这样一弯清澈的小溪，溪水上面浮光耀金，带来亲切的问候和梦一样轻轻的呼唤……

莫扎特的单簧管，巴赫的双簧管

听单簧管，一定要听莫扎特；听双簧管，一定要听巴赫。真的，百听不厌。他们将单簧管和双簧管的能量发挥到极致，或者说单簧管和双簧管就是专门为他们而设，莫扎特和巴赫与单簧管、双簧管天造地设，剑鞘相合。

莫扎特A大调单簧管协奏曲（作品622），是为当时维也纳宫廷乐队的单簧管演奏大师斯塔德勒而作，因此又叫作斯塔德勒协奏曲。这支协奏曲第一乐章的轻快，一定让你觉得像是赤脚蹚在清凉的溪水里，淙淙的水声里跳跃着扑朔迷离的树影和明亮闪耀的阳光，所有的声音和光影都是夏季绿色的。

第二乐章最甜美不过，美得直要让人想落泪，似乎有拂拭不去的忧郁，让你想起许多往事，尤其是那些令你心动或伤感的往事——是在黄昏时分，晚霞柔和，湿雾迷蒙，远处飘来袅袅的炊烟，归巢的鸟儿在你的头顶轻轻地缭绕，那些往事如雾一样弥漫在你的心头。莫扎特在这一乐章中，不仅将单簧管本来所具有的高音区域的特点信手拈来，演奏得优美动人（乐章开始时单簧管的反复咏叹，乐队弦乐的配合，可以说天衣无缝，单簧管的高音运用得如同天上高蹈的云朵，透明而浩渺）；而且将单簧管的低音发挥得淋漓尽致，那些由单簧管中发出的低音，并非仅仅是呜咽，而是那样像是水滴渗透进地底下，湿润在别人看不见的大树的树根，揪着你的心随它的旋律做海底潜行，观看一般肉眼难得看到的珊瑚礁和沉船的断楫残桅。然后恢复的高音，单簧管的几声独奏，音调凄厉，如鹤高飞云端，再不是刚才的样子，像是一个小姑娘转瞬之间长大成了大人——不是少女，也不是老太太，是一个略显得沧桑的中年妇女，站在你的面前，用一双曾经熟悉而动人的眼睛望着你，多少让你觉得有些面目皆非的伤感和惘然。

第三乐章单簧管的装饰音和琶音，轻风吹皱了一池碧波，吹散了漫天柔软的蒲公英一般，会撩拨得你心绪不宁。莫扎特随心所欲地让单簧管从高音区跌落到低音区，水银泻地，一泻千里。也许，这里有莫扎特的心情跌宕，也有我们每个人的心潮起伏。但是，明快的主题，莫扎特还是不愿意放弃的。单簧管到底还是莫扎特让它长出的一棵春天的树，开满鲜艳的花朵，只不过是在春雨飘来的时候，落英缤纷，撒满一地。

我听巴赫的双簧管，是听他的F大调（作品1053）、D小调（作品1059）和A大调（作品1055）三支协奏曲。

巴赫的双簧管不是他种出的开满花朵的树，而是他放牧的白羊，而且是一群小白羊羔，轻柔地徜徉在河边的青草滩上，阳光和煦，天高云淡。

如果说莫扎特的单簧管充满更多的灵性，巴赫的双簧管充满的则是更多的温情和人性。我可以想象得出莫扎特按动在单簧管上的手是白皙的、青春的、跳跃的，而巴赫按动在双簧管上的手背上则是有青筋如蚯蚓般隐隐在动，而手指却是沉稳地随着双簧管的按键在起伏，即使在音域升高或节奏加速时，也没有明显的变化。我甚至可以想象得出，莫扎特在演奏完他的单簧管之后，会伸出他的臂膀，情不自禁地高兴得冲你叫，单簧管在他的手中晃动得如同一条活泼的鱼。而巴赫在演奏完他的双簧管之后，会依然久久地坐在椅子上，一动不动地望着你，并不说什么，只是微微地笑着，柔和的眼光静如秋水，双簧管在他的身边如同一片安详的叶子。

尤其是巴赫的A大调，用的是柔音双簧管。这种柔音双簧管在当今的乐队里很少用，但是很细腻动听。巴赫在这支协奏曲中将这种柔音双簧管运用得出神入化，仿佛将这种双簧管吹出的每一个音调放出的一条条小鱼游进水里一般，在乐队中自由自在地游动，振鳍掉尾，在略微翻起的水波中，轻快地划出一道道漂亮的弧线。那双簧管的尾音袅袅不散，那弧线便闪着光亮，也久久不散，让你想起细雨鱼儿出，微风燕子斜的水墨画。

莫扎特的单簧管让我感到的是美好和美好后产生的怅惘和忧郁。巴赫的双簧管则让我感到的是沉稳和平和。

我常想同为木管乐器，为什么单簧管和双簧管同我国的笛子、箫或者芦笙有着那样大的区别？仅仅是因为吹口中多一片或两片簧片？我们的笛子、箫和芦笙都还带有木管本来所具有的本真的声音，而单簧管和双簧管已经改造得有铜管乐器的效果了，便将木管本来的特性变化了，发展了。我无法断定它们孰劣，但总觉得单簧管和双簧管要比我们的笛子、箫、芦笙的声音丰厚一些，也容易多一些变化。也许，这样说有些崇洋媚外，这样说吧，就像我们把木头烧着了，燃烧起温暖的火苗，或冒出了美丽的缕缕青烟；而他们却将木头燃烧后所产生的热量，发动起了机器，让火苗变成了另一种形体。或者说，我们用这种火煮沸了一杯清茶，而他们则用这火烧开了一壶浓浓的咖啡。

【写作提示】

雷诺阿能去听音乐会吗

——联想和想象

联想和想象，是一对门挨门的邻居，是一对亲密的朋友。联想是平易的，如同一条田间小径，让四周涌起稻浪或麦海；想象是奇特的，是雨后的彩虹，让天空可以变成天堂一般灿烂无比。联想是通往想象的桥梁，想象是基于联想绽放的花蕾；联想是想象的初级阶段，想象是联想的脱胎换骨。

在写作中，联想和想象是最常用的方法。在我看来，如果没有了联想和想象，基本也就没有了文学，包括我们学生的作文在内。因此学好这两种方法，无疑对于我们的写作帮助会很大，甚至可以帮助我们更上一层楼。

先说联想。所谓联想，就是由此及彼，由表及里。联想，会让文章有了轻盈的跳跃，有了明快的节奏和悦人的色彩。没有一点联想的文章，几乎是不可想象的，除非它只是思想汇报或总结报告。再短再普通的作文，也会联想，比如，小学生做好事，说这是学习雷锋的结果，雷锋和他做的好事之间，就是靠联想联系在一起的。

第11堂课

做汤最后放点盐

鱼鳞瓦

老北京的房顶铺的都是鱼鳞瓦，灰色，和故宫里的碧瓦琉璃，形成色彩鲜明的对比。虽不如碧瓦琉璃那般炫目，那般高高在上，但满城沉沉的灰色，低矮着，沉默着，无语沧桑，力量沉稳，秤砣一般压住了北京城，气魄如云雾天里翻涌的海浪一样。难怪贝聿铭先生那时来北京，特别愿意到景山顶上看北京城这些灰色的鱼鳞瓦顶。

在我的童年，即20世纪50年代，北京的天际线很低，基本上被这些起伏的鱼鳞瓦顶所勾勒。因为那时候成片成片的四合院还在，而且占据了城市的空间。想贝聿铭先生看见这样的情景，一定会觉得这才是老北京，是世界上任何一座城市都没有的色彩和力量吧？

想想，真的很有意思，那时候，四合院平房没有如今楼房的阳台或露台，鱼鳞状的灰瓦顶，就是各家的阳台和露台，晒的萝卜干、茄子干或白薯干，都会扔在那上面；五月端午节，艾蒿和蒲剑要插在门上，也要扔到房顶，图个吉利；谁家刚生小孩子，老人讲究要用葱打小孩子的屁股，取葱的谐音，说是打打聪明，打完之后，还要把葱扔到房顶，这到底是什么讲究，我就弄不明白了。

对于我们许多孩子而言，鱼鳞瓦的房顶，就是我们的乐园。老北京有句俗话，叫作"三天不打，上房揭瓦"，说的就是那时我们这样的小孩子，淘得要命，动不动就爬到房顶上揭瓦玩，这是那时司空见惯的儿童游戏。我相信，老北京的小孩子，没有一个没干过上房揭瓦这样调皮的事。

那时，我刚上小学，开始跟着大哥哥大姐姐们一起上房揭瓦。我们住的四合院的东跨院，有一个公共厕所，厕所的后山墙不高，我们就从那里爬上房顶，弓着腰，猫似的在房顶上四处乱窜，故意踩得瓦噼啪直响，常常会有邻居大妈大婶从屋里跑出来，指着房顶大骂："哪个小兔崽子，把房踩漏了，留神我拿鞋底子抽你！"她们骂我们的时候，我们早都踩着鱼鳞瓦跑远，跳到另一座房顶上了。

鱼鳞瓦，真的很结实，任我们成天踩在上面那么疯跑，就是一点儿也不坏。单个儿看，每片瓦都不厚，一踩会裂，甚至碎，但一片片的瓦铺在一起，铺成了一面坡房顶，就那么结实。它们是一片瓦压在一片瓦的上面，中间并没有泥粘连，像一只小手和另一只小手握在了一起，可以有那么大的力量，也真是怪事，常让那时的我好奇而百思不解。漫长的日子过去之后，大院里有的老房漏雨，房顶的鱼鳞瓦换成波浪状的石棉瓦或油毡和沥青抹的一整块坡顶，说实在的，都赶不上鱼鳞瓦，不仅质量不如，一下大雨接着漏，也不如鱼鳞瓦好看。少了鱼鳞瓦的房顶，就如同人的头顶斑秃一般，即使戴上颜色鲜艳的新式帽子，也不是那么回事了。

前些天，路过童年住过的那条老街，正赶上那里拆迁，从房顶上卸下来的鱼鳞瓦装满了一汽车的挎斗，一层层，整整齐齐地码在车上，也呈鱼鳞状。那可都是前清时候就有的鱼鳞瓦呀，经历了一百多年的雨雪风霜，还是那样结实，那样好看。又有谁知道，在那些鱼鳞瓦上，曾经上演过那么多童年的游戏呢！

曲线是上帝的

星期天，我家来个小客人，是个只有4岁多一点的小男孩。大人们兴奋地在聊天，冷落了他，他显得很寂寞，大人们越来越高兴，他却噘着嘴越来越不高兴。我便和他一起玩，我问他你会画画吗？他冲我点点头。我拿来纸笔给他，他毫不犹豫，信心十足，上来大笔一挥，弯弯曲曲的线条占满了纸的上上下下的空间，仿佛他在拿水龙头肆意喷洒，浇湿了花园里所有的地皮和他自己湿淋淋的一身。

他的家长拿过纸一看，责怪他："你这是瞎画的什么呀？"我赶忙说："孩子画得不错。"便帮孩子在纸的顶端弯弯的曲线之间画了一个小黑点，立刻，孩子兴奋地叫道："鸟！"是的，孩子笔下看似乱七八糟的曲线，瞬间就活了似的，变成了一只抖动着漂亮大尾巴的鸟，是动物园里从来没有见过的鸟，是我们大人永远画不出来的鸟。

我相信任何一个孩子都是一个画家，他们笔下任意挥就的曲线，就是一幅充满童趣的画。我们在毕加索变形的和米罗抽象的画中，都能够找到孩子们挥洒的曲线的影子。比起直线来，曲线就有这样神奇的魔力和魅力，它将万千世界化繁为简，浓缩为随意弯曲的线条，有了柔韧的弹性和想象力。

所以，与毕加索和米罗是老乡的西班牙最著名的建筑家高迪曾经说过："直线是人为的，曲线是上帝的。"

曾经听说过曲线属于女人，却从来没有听说曲线属于上帝，在高迪的眼里，曲线如此的至高无上。现在，想想，高迪说的真有道理。大自然中，你见过有直线存在吗？常说笔直的大树，其实是夸张的形容，树干也是由些微的曲线构成，才真的好看，就更不用说起伏的山脉、蜿蜒的河流，或错落有致的草地花丛、鸟飞天际那摇曳的曲线。巴甫洛夫说动物都知道两点之间直线距离最短，其实两点之间动物跑出的从来不会是一条直线，雪地里看小狗踩出了那一串脚印。弯弯曲曲的，如撒下一路细碎的花瓣一样漂亮。

去年，我在贝尔格莱德看一个现代艺术展，展览馆外先声夺人立着一件展品，是在本来应该爬满花朵的花架里，塞满了一大堆缠绕在一起的铁丝网，乱麻一般的铁丝网的曲线肆意而充满饱满张力地纠葛冲撞着，花架成了想要约束它们却又约束不了它们的一个画框。在这样尖锐的曲线面前，你可以想象许多，为它取好多个题目。

没错，曲线是上帝的，这个上帝属于自然、艺术和孩子，因为只有这三者最容易接近上帝。

城市的雪

如今，地球普遍变暖变旱，冬天里的雪已经越来越稀罕。特别是在城里，难得飘落下来一场雪，如同难得见到一位真正清纯可人的美人一样了。

城市的雪，从入冬以来就一直在期盼中。仿佛要和春天里的沙尘暴有意做着强烈的对比，沙尘暴不请自到，而且次数频繁地光临，并不受城市的欢迎，但是，受欢迎的雪却在冬天里总是姗姗来迟，像是一位难产的高龄孕妇。以往的日子里，最耐不住性子的是渴望下雪天能够堆雪人打雪仗的孩子；如今，最焦灼不堪的是城边的滑雪场，总也等不来雪，只好先急不可耐地鼓动起人工造雪机，将人造的雪花纷纷扬扬地吹了出来，那只不过是冬天的赝品。

城市的雪，终于在期盼中飘洒下来，不用多久，便不再受欢迎，仿佛约会前的憧憬在见面的瞬间便顷刻扫兴地坍塌。雪落在树木上，再不会有玉树琼枝；雪落在房檐上，再不会有晶莹的曲线；雪落在院子里，再不会有茸茸的地毯和小狗跑在上面踩出的花瓣一样的脚印；雪落在马路上，很快被撒满盐的融雪剂覆盖，立刻化成了黑乎乎一摊摊泥泞的雪水。

也很难见到雪人，即使偶尔见到了雪人，也是脏兮兮的。城市污染的空气、汽车的尾气、制热空调机喷出的废气，一起尽情地把雪人的脸和全身涂抹得尘垢遍体，再没有原先那种洁白可爱，如同衣衫褴褛的弃儿。前两天北京下了一场雪，我在街头见到一个雪人，上午刚刚见到时，它还高高大大，插着胡萝卜的鼻子和橘子的眼睛，格外鲜艳夺目，没到中午，它已经脏成一团，附近餐馆倒出的污水，无情地将它浇头灌顶，把它当成了污水桶。而我在天坛公园转了一圈，只看到一个雪人，小得如同一个布娃娃。公园并不能够为它遮挡污染，它一样脏兮兮的，只有头顶上盖着一个肯德基盛炸鸡块的小盒子，权且当一顶帽子，闪烁着带有油渍渍的色彩，像是故意给雪作的一个黑色幽默。

城市的雪，再不是大自然送来的冬天的礼物，而成为了并不受欢迎的客人，成为了城市污浊的乞儿，成为了pH试纸一样测试城市污染的显形器。

其实，雪是无辜的，雪到了城市，没有得到娇惯和恩宠，相反被城市带坏了。雪的本色应该是洁白晶莹可爱的，却这样一次次地受到了伤害。我想起俄罗斯的作家普里什文曾经写过的《星星般的初雪》，他说："雪花仿佛是从星星上飘下来的，它们落在地上，也像星星一般烁亮。"他又说："今天来到莫斯科，一眼发现马路上也有星星一般的初雪，而且那样轻，麻雀落在上面，一会儿又飞起的时候，它的翅膀上便飘下一大堆星星来。"

只是，如今的城市，无论莫斯科还是北京，再不会有这样星星般的雪花了，再也不会有雪中飞起的麻雀翅膀上飘下一大堆星星的景象了。

在北大荒，我倒是见过一种叫雪雀的鸟，特别爱在冬天下雪的日子里出来，飞起飞落，格外活跃。它们和麻雀一样大小，浑身上下的羽毛和雪花一样的白，大概是长年洁白的雪帮助它们的一种变异，环境的力量有时强大得超乎想象。心里暗想，今天这种雪雀要是飞进城市，也得随雪花一起再变异回去，羽毛重新变成褐色，甚至乌鸦一样的黑色。

雪花的洁白，只能在梦里、童话里，和普里什文文字带给我们的想象里。

阳光的感觉

当初腰伤之后，我可以说是整天追着阳光转。因为大夫嘱咐我要多晒阳光，每天晒一小时阳光，等于喝一袋牛奶，对于补钙极有益处，有助于腰伤的恢复。

我住医院的时候，病房的窗户朝南，能够下地了，我每天都要站在窗前，好像阳光早早就等在那里，和我有个约会，不见不散。出院了，我家的窗户几乎都没有朝阳的，我便每天早晨到小区里的小花园，朝东的高楼遮挡住了天空，要耐心地等到九点钟以后，太阳才能够越出楼顶。我突然发现，平日里司空见惯的阳光，原来是那么的珍贵，不是你想什么时候要它，它就能够如婢女一样随叫随到。城市的高楼无情地切割了天空，阳光不再如在田野里一样，可以无遮无拦，尽情挥洒。

冬天暖气还没有来的时候，阳光就更加珍贵无比。那时候，我像一只投火的飞蛾，在小区里寻找着阳光飘落的地方。阳光如同顽皮的小孩子，东躲西藏，在楼群之间、在树枝之间，一闪一闪地稍纵即逝。在时钟的拨弄下，阳光就像瞬息万变的万花筒，跳跃着，和我捉迷藏，让我想起小时候玩过的一种游戏，小伙伴拿着一面镜子对着阳光照出的反光打在地上，我去用脚踩这个光斑，他便把镜子迅速地移动，比赛谁的速度更快。

终于，暖气来了，温度解决了寒冷，却代替不了阳光。坐在房间里，和坐在阳光下的感觉完全不同，腰就是最敏感的显示器。现代化机器制造的温暖，如同格式化的打印文件，缺少了手写的流畅和亲切，就像尼龙布料和棉布的区别。我才体味到阳光含有大自然的气息，泥土和花草树木的呼吸和体温，都吸收进阳光里面，还有来自云层的清新与湿润，都不仅是一个温度计所能够显示得了的。同暖气制造的温暖相比，阳光更像是母亲的拥抱、情人的抚摩、朋友的呵气如兰。在暖气和在阳光下，都会出汗，在暖气下的汗里面含有工业的元素，而在阳光下的汗里有着大自然和亲情的因子。

我也就明白了，为什么国外有那么多人热衷于到海边晒太阳、到街头的咖啡馆前的露天座椅上晒太阳；为什么北京的老头老人太特别愿意在胡同口挤在墙角晒太阳。阳光和水一样是世界上最为平等民主的东西，它一视同仁，无论贫富贵贱，慷慨给予一切人以照耀和抚摩。记得我国过去有一则这样的寓言，地主在屋子里烤火冻得揣着手直跺脚，长工在屋外的阳光下干活却热得脱光了衣服还不住地出汗。阳光给予人们的温暖，是发乎天、止于心的温暖。

我想起日本的一则童话，讲的是林子深处住着一个四岁叫夏子的可爱的小姑娘，她有个奶奶，腿脚不好，天天待在家里出不了屋。冬天到了，屋里很冷，小姑娘跑到林子里，用围裙兜了一兜阳光跑回来给奶奶，跑得急了，刚进家门，摔了一跤，阳光洒了一地，没法给奶奶了，小姑娘哭了，对奶奶说：阳光都没了，没法给您了。奶奶对她说：阳光都跳在你的眼睛里了呀。

这则童话，是我二十多年前读过的，却记忆犹新，就在于奶奶说的话让我感动。老奶奶说得多么好啊，阳光不仅是可以看见，可以储存，可以兜住，也是有情感有生命的，可以传递在你我之间。

【写作提示】

做汤最后放的那一点儿盐
——文章的升华

有些文章，读起来或写起来，都觉得里面所写的人或事还不错，就是觉得少点儿味道，就像汤里放的菜品和佐料一应俱全，唯独少了最后需要加的那一点儿盐。好汤，是需要最后放的那一点儿盐来调剂味道的。好的文章，不仅需要内容扎实、语言生动，也需要一点儿可以回味的韵味。所谓文章要出新，其新意往往容易在这最后的一点味道中体现出来。

那么，文章里需要最后放的那一点儿盐，到底是什么呢？又该从哪里去找呢？

文章《阳光的感觉》写的是阳光。写阳光的温暖、珍贵、民主、平等，一视同仁；写阳光与暖气的比较，在暖气和在阳光下，都会出汗，在暖气下的汗里面含有工业的元素，而在阳光下的汗里有着大自然和亲情的因子；最后写对阳光可以储存的发现。文章就是从这样不同的侧面书写对阳光的感觉。

如果文章就到这里收尾，可以不可以呢？当然可以，我们不少同学的作文都是愿意在这里适可而止的。适可而止可以，却并未恰到好处。写到这里的时候，我总觉得收不了尾，还缺点儿什么。什么呢？就是做汤的时候最后放的那一点儿盐。

我想起来曾经读过的一则日本的童话。那还是我的孩子在上幼儿园的时候，我和他一起从儿童画报上读到的。故事很简单，就是我的文章最后提到的，林子深处住着一个四岁的叫夏子的可爱的小姑娘，她有个奶奶，腿脚不好，天天待在家里出不了屋。冬天到了，小姑娘跑到林子里，用围裙兜了一兜阳光跑回来给奶奶，跑得急了，刚进家门，摔了一跤，阳光洒了一地，没法给奶奶了。小姑娘哭了，对奶奶说：阳光没了，没法给您了。奶奶对她说：阳光都跳在你的眼睛里了呀。这则童话帮助了我，奶奶眼睛里的阳光，和我写到的阳光可以呼应起来，阳光不仅是可以看见，可以储存，可以如那个叫夏了的小姑娘一样用围裙兜住，阳光还和人一样，充满情感和生命，可以传递在你我之间。

那天，想起这则童话的时候，心里充满温暖，觉得是那样的美好动人。很显然，有了这则童话的介入，让文章最后有了跌宕，掀起新的波纹，有了可以稍微咀嚼的意味。

其实，这里说的味道，也就是老师在语文课上常讲的主题的升华。

我在这里想告诉同学们的是，完全可以借用他人写过的东西，来帮助我们完成主题的升华。这样的方法，可以让文章最后的升华变得更生动一些，更富于形象一些，也就是我说的更有味道一些。

只是，需要注意的是，做的汤最后放的一定是盐，才能够将汤里面自身的味道提鲜一样提出来，而不能放味精或鸡精，那只是化学制品，是人为添加在汤里面的味道。我们常常写的升华，特别愿意用干巴巴的词汇或名人名言为文章的主题升华，这是硬贴上去的，就像往汤里添加的是味精和鸡精一样，不是汤自身激发出来的味道。

第12堂课

回忆是财富

童年的小花狗

小时候，我们家外边的街上，摆着一个小摊儿，卖些画片儿、风车、泥玩具之类的东西，这些东西既便宜又受我们小孩子欢迎。

小摊儿的主人是王大爷，就住在我家大院里。他人很随和，逢人就笑。那时候，小街上的人都不富裕，王大爷赚的钱自然就不多，只能勉强生活。

王大爷手艺好，能做各种各样的泥玩具，涂上不同的颜色，非常漂亮。

那年春节前，我看中了他小摊儿上新做成的一只小花狗。黑白相间的小狗，脖子上系一条红绸子，绸子上挂着个小铃铛，风一吹，铃铛不住地响，小花狗就像活了一样。

我太喜欢这只小花狗了。每次路过小摊儿都反复地看，好像它也在看我，只等我一招呼，就会扑进我的怀里。那一阵子，我满脑子都是这只小花狗，只可惜没有钱把它买下来。

春节一天天近了。小花狗肯定也要过节了，不知会跑到谁家，和哪个幸运的孩子一起过。一想到这些，我心里就难过，好像这只小花狗本来是我的而要被别人抢去一样。在这样的心情下，我干了一件蠢事。

那一天，天已经黑了，摊儿前围着不少人。趁着天暗人多，我伸出手，从摊儿上一把抓起小花狗，迅速放进怀里跑了。跑回院里，看看四周没人，掏出怀里的小花狗，我的心还在不停地跳。

　　这件事很快就被爸爸发现了。他让我抱着小花狗给王大爷送回去。跟在爸爸身后，我非常害怕，头都不敢抬起来。

　　王大爷爱怜地看着我，坚持要把小花狗送给我。爸爸坚决不答应，说这样会惯坏了孩子。最后，王大爷只好收回小花狗，嘱咐着爸爸："千万别打孩子！过年打孩子，孩子一年都会不高兴的！"

　　讨了一年，王大爷要到其他地方去。最后一天收摊儿的时候，我站在一旁，默默地望着他。他看看我，什么话也没有说，收起摊了回家了。那一天，小街上显得冷冷清清的……

　　第二天，王大爷走时，我去上学，没能见到他。等我放学回到家，一眼看见桌上放着一只小花狗，脖子上系着红绸子，绸子上挂着小铃铛……我的眼泪一下子涌了出来。

　　三十多年过去了，我再也没有见过王大爷，但是那只小花狗却一直带在我的身边。

少读宋词

30多年前，5元钱买三本书，还能剩下钱。那时，我上初中二年级，偷了家里的5元钱，跑到了新华书店，买了三本书。回到家里，挨了爸爸的一顿打。大概那是生平第一次挨打。我牢牢地记住了那滋味，30多年过去了，许多书在岁月的迁徙中丢失了，这三本书却一直保存着。书的封面和里面的书页已经卷角或破损，那是青春和时光留下的纪念。

这三本书中，有一本是中华书局出版的《宋词选》，胡云翼先生选注。因为在买书之前，我刚刚在学校的图书馆里看到胡先生在20世纪30年代写过的散文，一看他不仅写散文，还选注宋词，便买下了这本书。小孩子买书，完全凭兴趣和好奇心的驱使。

我很喜欢这本《宋词选》，即使30多年过去了，以后我见过其他宋词的选本，我依然认为这本选本最有特点。虽然，在当时时代大的背景下，里面的前言和注解有一些硬贴上去的政治色彩，但总体上选择得精当，前言论述宋词发展的脉络清晰，每位词家前面的介绍，文字不多，却学问精深，有很多史料价值。那时，我每天晚上读这本书上的一首宋词，然后抄在一张纸条上，第二天早上上学时带在衣袋里，在路上背诵。我好长时间上学是走路，要走半个小时到学校，这半个小时足够把这首宋词背下来了："无可奈何花落去，似曾相识燕归来。小园香径独徘徊"（晏殊《浣溪沙》），"舞低杨柳楼心月，歌尽桃花扇底风"

（晏几道《鹧鸪天》），"会挽雕弓如满月，西北望，射天狼"（苏轼《江城子》），"天涯也有江南信，梅破知春近"（黄庭坚《虞美人》），"无奈归心，暗随流水到天涯"（秦观《望海潮》），"九万里风鹏正举，风休住，蓬舟吹取三山去"（李清照《渔家傲》）……多少美妙无比的宋词，都是在这上学的路上背诵下来的。有这些宋词相伴，那些个日子真是惬意得很，一张张抄满宋词的小纸条揣在我的衣袋里，沉醉在悠悠宋朝的春风秋雨落花流水之中，上学一路，身旁闪过车水马龙喧嚣的街景，便都熟视无睹，或都幻作宋代的勾栏瓦舍。半个小时的路，一下子显得短了许多，也轻快了许多。

　　"少年不识愁滋味"，那时，我正是不知天高地厚的年龄，对于宋词，我喜欢辛弃疾，喜欢秦观。喜欢辛弃疾的阳刚之气，喜欢秦观的阴柔之美，秦观的《鹊桥仙》和《踏莎行》用精美的意象和朴素的词句传达了人类共同拥有的感情，那时我背得滚瓜烂熟，"金风玉露一相逢，便胜却人间无数"，"两情若是长久时，又岂在朝朝暮暮"，"雾失楼台，月迷津渡，桃源望断无寻处"……即使到现在依然记忆犹新。辛弃疾的许多词句更令我心怦然而动："落日楼头，断鸿声里，江南游子，把吴钩看了，栏杆拍遍，无人会，登临意"，"斫去桂婆娑，人道是清光更多"，"青山遮不住，毕竟东流去"，"闲愁最苦，休去倚危杆，斜阳正在烟柳断肠处"，"江头未是风波恶，别有人间行路难"，"醉里挑灯看剑，梦回吹角连营。八百里分麾下炙，五十弦翻塞外声，沙场秋点兵"，"何处望神州，满眼风光北固楼。千古兴亡多少事，悠悠，不尽长江滚滚流"……不用说，喜欢辛弃疾的这些词，染上了我初中二年级学生心中向往和想象的色彩，和辛弃疾一起登上建康赏心亭、赣州造口壁、京口北固楼，以及带湖旁他那轩窗临水、小舟行钓、春可观梅、秋可餐菊的稼轩新居。那种词句和心境合而为一的情景，大概只有在初中二年级读书时才会拥有，那些妙不可言的词句才刻在青春的轨迹上，到现在也难以磨灭。

相比之下，我最喜欢辛弃疾的《八声甘州》一词，是辛弃疾夜读《李广传》的感慨，那里融有太多辛弃疾自身的心迹和心声。李广抗击匈奴战功卓著，却不仅未被封侯，反倒被罢免职务，被迫自杀。这与辛弃疾抗金大志未遂而落职赋闲回家的境遇一样，词便写得感情浓重，苍老沉郁："故将军饮罢夜归来，长亭解雕鞍。恨灞陵醉尉，匆匆未识，桃李无言。射虎山横一骑，裂石响惊弦。落魄封侯事，岁晚田间。谁向桑麻杜曲，要短衣匹马，移住南山？看风流慷慨，谈笑过残年，汉开边，功名万里，甚当时健者也曾闲？纱窗外，斜风细雨，一阵轻寒。"

当时也不知看懂看不懂，只清晰记得读罢这首词让我心里怅然许久，尤其是最后一句"纱窗外，斜风细雨，一阵轻寒"，仿佛那寒冷的斜风细雨也扑打在我窗前。其实，当时以一个少年的心情触摸老年的心事，自然难免雾中看花；世事沧桑，人生况味，只有到今天方才领悟一点点。领悟到这点点，但已经很难再有读书时那种感同身受般的境界和那种风雨扑窗的情景，以及遥望历史追寻辞章的梦幻了。这是没办法的事，人长大的过程中，得到一些什么也必然要失去一些什么，就像狗熊掰棒子，不可能把所有的棒子都抱在怀里。

永远的校园

　　我离开校园的时间已经很长了。我是1982年大学毕业，留校教了3年书，而后自以为是要闯荡更广阔的生活，那样毅然离开校园的，算算至今已有14个年头了。在我人生52岁中，我上了16年的学，当了大、中、小学的老师10年，一共26年，校园生活占去一半还要多一点。可见，校园刻印在我的生命里，而我却离开了它。我常想起校园，常责备自己当初那样的选择是不是对校园的一种背叛？

　　1978年的冬天，我是恢复高考制度后的第一批大学生。我到这所中央戏剧学院报到，是"二进宫"，因为在1966年时就考入了这所学院，"文化大革命"爆发了，让我和它阔别了12年，也和校园阔别了12年。当我重新回到校园时，已经31岁了，虽然有些苍老，但感觉还是那样年轻，这种感觉来自我自己，也来自校园。我总想起报到的那一年冬天，躺在宿舍的二层铺上睡不着觉时，听窗外白杨树被寒风吹得萧瑟的声音；我总想起第二年的春天，一眼望见校园里的藤萝架缀满紫嘟嘟的花瓣的情景。我第一次走进这所校园参加考试，就是先看见这一架紫嘟嘟花瓣的藤萝的，那时我才19岁。重现的旧景旧情，往往能使人产生幻想，以为自己和校园都依然像以往一样年轻。实际上，我和校园都已经青春不在了。尤其是逝去的岁月并不是在校园里流淌，而是渗进在荒芜的北大荒的黑土地上，校园里没有留下我的足迹，校园只给予我一个伤痛的符号。

　　那时候，我才真正地对校园产生一种珍惜之情。校园对于一个人的青春是何等的重要，是任何别的地方别的事物都无法取代、无法比拟的。如果说青春是一条河，那么，这条河流淌过的树木芬芳、草丛湿润的两岸，应该大部分属于校园。在我31岁青春只剩下个尾巴的时候，失去了校园12年之久，才体味出校园对于一个人生命的意义。就像一位诗人曾经说过的：失去的才懂得珍惜，拥有的总不在乎。记得刚刚入学的时候，无论在校园内还是在校园外，我总要把学院的那枚白底红字的学生校徽戴在胸前。其实，按照我的年龄应该戴老师的那种红徽章才是，戴这种白校徽和年龄不相符，颇有些范进中举式的可笑。

　　但我还是戴了好些日子，它让我产生对校园的亲切感，也让人知道我和校园是同在一起的自豪感。

　　如果问我这一辈子什么最让我留恋？那就是校园。离开校园之后，这种感情与日俱增。在以后的日子里，偶然之间，我也曾到过一些大学，或者说大学闯入了我的生活，更让我涌出一种故友重逢、他乡遇故知的感觉。其中最让我难忘的有两次，一次是到厦门大学，一次是在天津大学。

　　我的一个学生在厦门大学读书，她陪我参观了整个校园，鲁迅先生的雕像，陈嘉庚先生资助建造的体育场、教学楼、实验室……到处是年轻学生青春洋溢的脸，到处是南方高大葳蕤的树，到处是亚热带的奇异芬芳的花。青春时节像是一只鸟或是一粒种子，能够在这样的环境里飞翔或种植，该是多么美好和适得其所。

　　她带我推开礼堂的大门，偌大的礼堂空荡荡的、静悄悄的，只有台上亮着灯，几个老师和学生在布置着舞台，大概晚上要有演出。那种安谧的气氛、空旷的空间，以及几粒橘黄色的灯光童话般地闪烁，没有喧嚣，没有纷扰……只有门外蓝得像水洗了一般的高远浩渺的天空，还有那流动着的湿润、带有树木的清香，弥漫在身旁。这些，都是只在校园里才会拥有的境界。只有在这里一切才变得如此清新，心情才得以超凡脱俗的净化。

若能够在这里再读几年书，该是多么好啊！青春的血液该像是过滤透析一样，清水般的清澈。那一刻，时光倒流，我像又回到了学生时代。

那次在天津大学，是我到天津人民广播电台送我的一部长篇小说，那么巧，电台的朋友把我安排在校园住。我住进去时已是夜晚，四周被浓郁的树木包围着，林间有清脆的鸟鸣，不远处有明亮的灯光，间或能碰见几个正高谈阔论而迟归的学生，空气中没有那种在别处常有的煤烟味和烧菜的油烟味，只有弥漫着淡淡的花香和潮湿的泥土的土腥味道。我知道这是只有校园才会喷发的气息，它让我感到熟悉，感到亲切，它和别处不一样，它有的只是这样的清淡和清新。

第二天清早，我漫步在校园的甬道上，一直走到土楼前的飞珠跳玉般的喷水池旁，我更体会到只有校园才会拥有的独一无二的氛围。看着那么多年轻的学生，或捧着书在读，或拿着饭盒急匆匆地在走，或抱着球风一样在跑，身影消失在操场上、饭厅里和绿荫蒙蒙的树丛里、晨雾里，让我很羡慕他们。我想，如果能让我重返校园，无论是读书还是教书，我一定会比以前更珍惜，更认真。我当时真的这样想，还有什么地方能比得上校园更美好，更让人感动呢？也许是走过了一些别的地方，看到了一些不愿意见到的事物，才对校园别有一番情感？也许校园本身确实相对清纯清白一些而让人产生一种世外桃源的错觉吧？因为这个世界实在污染得越来越严重了。同时，我也想，青春真是一刹那，稍纵即逝。我眼前的这些可爱的学生一般只能在校园里待4年，即使读硕士、博士，也就7年或10年，他们很快都得离开校园，都得和我一样快速被这个强悍的外部世界同化而变老。那次，我在天津大学住了十多天，一直到把那部长篇小说录音完。十几个清晨和夜晚，我都在校园和学生在一起，便也和校园外的喧嚣隔绝了十几天，感受到久违的青春气息，虽有些伤感和怅惘，但美好难再。后来，我把这部长篇小说的名字叫作《青春梦幻曲》。

去年，我的儿子被保送到北京大学，学校要家长直接递送保送的表格，我第一次走进这个校园。未名湖、三角地、五四运动场、新建的图书馆……我都是第一次见到，却让我感到是那样的熟悉，仿佛以前在哪里见过。我知道是校园才会让我涌出这种感觉和感情。绿树红楼、蓝天白云、微风荡漾的湖水、曲径通幽的甬道……还有那些虽不如街头纷至沓来的年轻人衣着时髦的学生，但一一让我感到是那样的亲切。我几次问路，学生们都是那样彬彬有礼，而且用他们青春的手臂指向前方的路。然后，他们消失在柳荫摇曳的前方，于是，便一下子绿意葱茏而飘荡起动人的绿雾。这种感觉只有在校园里才会拥有的，虽然我知道只要走出校园，这种感觉便会像是惊飞的鸟一样荡然无存，但我仍然为这种瞬间的感觉而感动。想想儿子就要在这样美好的校园里读书，心里漾起祝福，也隐隐有些嫉妒。同时也在想，他能够和我一样，在经过了沧桑之后对校园充满着珍惜之情吗？

记得去年一个星期天，儿子在学校复习功课，我去找他，特意带了相机。这所有一百多年历史的中学，也曾是我的母校。儿子就要离开它了，便和中学时代告别。我希望给他留下几张照片作为纪念，也想和他一起同母校留影，留下校园的回忆。校园异常安静，百年历史的老钟还在，教学楼巍峨的身影依然，儿子像小鹿一样蹦蹦跳跳地跑下楼来，青春的气息和满园馥郁的月季芬芳一起在校园里洋溢。32年前，我和他一样大小，一样高中毕业，一样青春洋溢而所想空阔，一样想从这个中学的校园蹦到自己心目中理想的大学校园……但梦就是在这样的年龄时破灭了。

我和儿子站在了教学楼前的校牌旁。32年了，校牌依旧，我和儿子一人站在它的一边，两代人的梦都在它的身旁实现。照片会留下岁月和历史，留下深情和记忆。即使我们都不在了，照片还在，校园还在，永远的校园会为我们作证。

面包房

那时，我的孩子还没有上小学。晚上，我有时会带着他到长安街玩。长安街靠近大北窑路北不远，有家面包房，不大，做的法式面包和黑森林蛋糕非常好吃。关键是，一到晚上七点之后，所有的面包和蛋糕，一律打五折出售。当我和孩子发现了这个秘密后，这家面包房便成为我们常常光顾之地。

那时，常常只剩下了一个售货员值班。这是一个年轻姑娘，二十三四岁的样子，有点儿胖，但圆圆脸膛，大眼睛，还是挺漂亮的。每次去，几乎都能够碰见她，孩子总要冲她阿姨阿姨叫个不停，我要买这个！我要买那个！静静的面包房，因为我们的闯入，一下子热闹起来。她站在柜台里，听孩子小鸟闹林一般地叫，目光随着孩子一起跳跃。

渐渐的，彼此都熟了。我们进门后，她会笑盈盈地说：今天来得巧了，你们爱吃的黑森林，还有一个等着你们呢！或者：黑森林卖没了，这个巧克力慕斯也不错，要不，你们可以尝尝这个绿茶蛋糕，是新品种。我们一般都会听从她的建议，总能尝新。

面包房伴孩子度过了童年，在孩子小学三年级的暑假，我们去面包房几次，都没有见到她。新的售货员一样很热情，仍能买到好的蛋糕和面包。走出面包房，孩子悄悄地问我：怎么那个阿姨不在了呢？会不会下岗了呀？那时，他们班上好几个同学的家长下岗，阴影覆盖在同学之间，孩子不无担心。面包房里这个好心漂亮的阿姨，是看着他长大的呀。

下一次来买面包的时候，我问新售货员原来总值晚班的那个胖乎乎的售货员哪儿去了，怎么好长时间没见了？新售货员告诉我：她呀，生孩子，在家休产假呢！不是下岗，孩子放心了。那天，多买了一个全麦面包，里面夹着好多核桃仁，嚼起来，很香。

等我再见到她，大半年过去了。我对她说听说你生小孩了，祝贺你呀！她指着我的孩子说：这才多长时间没见，您看您这孩子长这么高了！什么时候，我那孩子也能长这么大呀！我开玩笑地说：你可千万别惦记着孩子长大，孩子真的长大，你就老喽！她嘿嘿地笑了起来说：那也希望孩子早点儿长大！

时光如流，一转眼，我的孩子到了高考的时候，功课忙，很少有时间再和我一起去面包房了。特别是考入大学，交了女朋友之后，晚上要去的地方很多，面包房如被列车掠在后面的一棵树，属于过去的风景了。

这期间，面包房搬了一次家，从东边往西移了一下，不远，也就几百米的样子，门口装潢一新，还有霓虹灯闪耀。值晚班的还常常是这个胖乎乎的姑娘。我总这样叫她姑娘，其实，她已经变成一位中年妇女了。没变的，是蛋糕和面包的味道，只是价钱悄悄地涨了几次。

有一天，我去面包房，见我又只是一个人，她替我装好蛋糕和面包，问道：您的孩子怎么好长时间没一起来了？我告诉她孩子上大学了。她点点头，然后笑着对我说：等再娶了媳妇就忘了爹娘，更不会跟您一起来了呢！我也跟着笑起来。回家见到孩子后，我把她的话告诉给孩子听，孩子一下子很感动，对我说：您说咱们不过只是到她那里买打折的面包和蛋糕，这么长时间了，她还能记得我，这阿姨真的不错！

星期天，孩子专门陪我一起去了一趟面包房，一进门叫声阿姨，她抬头一望，禁不住说道：都长这么高了！又说你要的黑森林今天没有了。孩子说没关系，买别的。然后，两个人一个挑蛋糕和面包，一个往盒子里装着蛋糕和面包，谁都没再说什么，但彼此望着，很熟悉，很亲近，那一瞬间，仿佛一家人。那种感觉，是我来面包房那么多次，从来没有过的。

　　有时候，我会奇怪地问自己：人一辈子要去的场所很多，一个小小的面包房，为什么会让你涌出这样亲近、亲切又温馨的感觉？其实，哪怕是一棵树，你看熟了，也会有这样的感觉，何况是人，彼此看着长大，在岁月里，渐渐就融入了感情。这感情，比面包和蛋糕里的巧克力、奶油、慕斯，味道更浓郁。

　　孩子大学毕业就去美国留学了，孩子走后，我很少再去面包房。那天，如果不是老伴要过本命年的生日，我还想不起面包房。生日的前一天，我对老伴说：我去买个蛋糕吧！这才想起，孩子去美国六年了，已经有好久没见过那位女售货员了。日子过得这么快，真正如水而逝。

　　那天的晚上，面包房里难得的热闹，有三个漂亮年轻的女售货员挤在柜台前，蒜瓣一样紧紧地围着一个二十来岁的姑娘，唧唧喳喳地说得正欢。扫了一眼，没有我熟悉的那个胖乎乎的售货员。因为去的时间早，还有十来分钟到七点，我坐在一旁，边等边听她们说话。听明白了，这个姑娘和我一样，也是等七点钟买打折蛋糕的。还听明白了，是给她的妈妈买生日蛋糕的。又听明白了，她的妈妈就是面包房里那三位女售货员的同事，大家正在帮姑娘参谋，让她买蛋糕之后再买几个面包，并对小姑娘说：你妈妈在这里工作了这么多年，都是值晚班卖打折的面包和蛋糕，自己还从来没买过一回呢！你得多买点儿！

　　七点钟到了，我走到柜台前，玻璃柜里只有一个黑森林蛋糕，一位售货员对我说：对不起，这个蛋糕已经有主儿！她指指身边的姑娘。我说那当然！然后，我对姑娘说：你妈妈我认识！姑娘睁着一双大眼睛，奇怪地问：您认识我妈？我肯定地说：当然！小姑娘更加奇怪了：您怎么认识的？我笑着对她说：回家问问你妈妈就知道了！就说一个常常带着孩子来这里买蛋糕和面包的叔叔，祝她生日快乐！

她走的时候，有些将信将疑。买好蛋糕和面包，我问那三个售货员：她的妈妈是不是你们面包房里那个胖乎乎的售货员？她们都惊讶地点头，问我：您是她以前的老师吧？我笑而不答。她们告诉我她今年刚刚退休。我有点奇怪地说：怎么这么早退休，她才多大呀！她们告诉我：我们这里50岁退休。

竟然50岁了！就像她看着我的孩子长大一样，我看着她的青春在面包房里老去。生命轮回在我们彼此的身上，面包房就是见证。

【写作提示】

写作就是写回忆

——写作的第三种成分

　　已故的前辈作家汪曾祺先生曾经说过这样一句话：写作就是写回忆。他说得没错，他自己的很多小说和散文，真的就是写他自己的回忆。其实，不只是作家如此，我们同学自己也是这样的，无论在小学，还是在中学，老师曾经布置的作文题目，很多不是《记一件难忘的事》，就是《回忆你印象最深的一个人》，不都是要求写你自己的回忆吗？

　　回忆，在写作的实践过程中，为什么是脱离不开的一环，同时又能起到锻炼并提高我们自己写作水平该如何调动并运用自己的回忆，让其成为我们写作中的财富？这确实是值得探讨的话题。

　　纳博科夫在谈到自己的写作经验时说过："任何事物都建立在过去和现在的完美结合中，天才的灵感还得加上第三种成分，那就是过去。"纳博科夫说的"过去"，就是岁月里那些属于你自己的回忆。回忆，能够帮助我们联系过去和现在，将遥远的和近在身边的东西连在一起，发生了关系，产生了微妙的化学反应一般，呈现在今天的写作之中。确实如纳博科夫说的那样，现在的一切都是从过去走来的，任何今天存在的事物，都能够在过去中找到影子。所以说，即便是写现在，也是要写过去，现在才会有自己的来龙去脉，有自己的源头和深度。

　　写回忆，除了用过去照亮现实的作用之外，还有一点很重要的作用是，写作运用的材料需要沉淀，避免轻飘飘，避免现兑现买，萝卜快了不洗泥，从而夹生不熟。能够复活在回忆中的那些人、事和细节，一般都是经过了时间的沉淀，才会让我们难忘，经久不息。就像经年陈酿的老酒，味道才会醇厚，才会醉人一样，写作起来，那些人、事和细节，才会富于感情，而容易感动别人。那些想不起来的，无法进入回忆里面的人和事以至细节，显然，已经被时间的筛子无情地筛下去了。